U0921525

高职院校实践教学创新的理论与实践

——基于校内实习公司培养学生职业素质

杨群祥
熊　焰
孔繁正
贾剑方
黄文伟
宋专茂
◎著

广东高等教育出版社
Guangdong Higher Education Press
广州

图书在版编目（CIP）数据

高职院校实践教学创新的理论与实践：基于校内实习公司培养学生职业素质/杨群祥，熊焰，孔繁正，等著．—广州：广东高等教育出版社，2012.12

ISBN 978-7-5361-4588-7

Ⅰ.①高… Ⅱ.①杨… ②熊… ③孔… Ⅲ.①高等职业教育-教育实习-研究-中国 Ⅳ.①G718.5

中国版本图书馆 CIP 数据核字（2012）第 279567 号

出版发行	广东高等教育出版社
	社址：广州市天河区林和西横路
	邮编：510500　营销电话：（020）87554152　87551163
	网址：www.gdgjs.com.cn
印　　刷	广州市穗彩彩印厂
开　　本	787 毫米×960 毫米　1/16
印　　张	15
字　　数	201 千字
版　　次	2012 年 12 月第 1 版
印　　次	2012 年 12 月第 1 次印刷
定　　价	30.00 元

序

《国家中长期教育改革和发展规划纲要（2010—2020年）》的实施，标志着我国新一轮教育改革的启动。在高职教育领域，以《教育部关于推进高等职业教育改革创新引领职业教育科学发展的若干意见》（教职成〔2011〕12号）等一系列相关政策文本为基础，我国正加快建立与现代产业体系发展相匹配、与社会充分就业相适应、富有生机活力的现代职业技术教育体系。在影响我国现代职教体系构建的众多要素中，体制机制创新与协同创新无疑是重点与关键。

职业教育体制机制创新与协同创新离不开政策的助力，特别是要通过政府层面的政策顶层设计以及随之而来的项目激励，推动体制机制创新，引导多元主体协同创新。根据《广东省职业技术教育改革发展规划纲要（2011—2020年）》的安排，近几年，广东省正着力实施南方重要职业技术教育基地建设工程、示范性院校建设工程、实训中心建设工程、高技能人才队伍建设工程、职业技术院校基础能力建设工程、信息化建设工程等6大工程，特别是在实训中心建设工程与职业技术院校基础能力建设工程上，由政策导向引发的体制机制创新与协同创新已开始显现。

从2009年开始，广东省正式实施“广东省高等学校教学质量与教学改革工程”（以下简称“质量工程”）。“质量工程”项目包括“特色专业建设与人才培养方案调整优化计划、精品课程建设与教学内容改革计划、学科建设与研究生培养质量提升计划、科研创新能力提升计划、教学名师和教学团队高水平队伍建设计划、大学生创新能力培养计划、实践教学改革与创新计划、应用型人才培养改革计划、师范教育质量提升计划、质量保障与服务支撑体系建设计划”在内的一揽子建设规划。在“质量工程”项目的激励下，近几年，广东省出现了一批机制灵活、特色鲜明、与区域经济联系密切的省级高职教育实训基地，特别是广东农工商职业技术学院、广东轻工职业技术学院、顺德职业技术学院、广东机电职业技术学院、广州铁路职业技术学院、河源职业技术学院、广东松山职业技术学院等学校涌现出的一个校内实习公司群，突破了原有校内生产性实训基地的某些局限，在高职院校实践教学创新的理论与实践上走出了一条新路。

与校内生产性实训基地相比，校内实习公司完成了校内生产性实训基地组织结构的公司化，构建了一个能够生产产品、参与市场竞争，以及独立核算、自负盈亏，并能实现可持续发展的法人实体。校内实习公司是校内生产性实训基地的一种特殊形式，它从体制的角度突破了校内生产性实训基地仅仅满足于学生实训的局限性，解决了校内生产性实训基地在自身生存上固有的难题，并从规模化、市场化、企业化、创新化等方面充实了校内生产性实训基地的内涵，开辟了一条有别于校外实习基地和校内模拟实训的技术技能人才培养新通道。

早在2001年，广东农工商职业技术学院就创新性地筹划并构建了我国最早的校内实习公司雏形——校内实习超市。在对校内实习公司多年经营与实践总结的基础上，杨群祥教授和他的研究团队先后就校内实习公司的概念、功能、模式、技术技能人才培养效度等方面进行了深入的探索，不少观点值得我们借鉴，特别是对基于校内实习公司实践教学效果的调查分析，证实了基于校内实习公司的实践教学确实有利于学生职业成熟度、择业效能感和整体思维能力的提高。当然，作为一种新生事物，校内实习公司在其自身运行、校内外实习实训衔接、课程设计等方面必然会存在这样那样的问题，而这也正需要我们在已有认知的基础上，不断加深对校内实习公司运行规律、对如何围绕校内实习公司培养学生职业素质等问题的研究。

希望校内实习公司能在职业教育体制机制创新方面发挥更加重要的作用，也希望校内实习公司能在多主体协同创新方面发挥一个平台与纽带的作用。

是为序！

广东省教育厅党组
副书记、副厅长　魏中林

2012年10月20日

目 录

第一章
实践教学的概念、范式演变与创新

高等职业技术学院（以下简称“高职院校”）的主要任务是培养社会生产、建设、管理、服务等一线岗位所需要的高素质技术技能人才。这从客观上决定了高职院校的人才培养工作必须突出实践教学环节，把实践教学置于人才培养过程中的主要位置和中心环节，以确保毕业生能够达到与社会需要相适应的人才培养规格和要求。正确认识实践教学概念及其范式，是改革和创新实践教学的理论基础，也是提高人才培养质量、实现高职教育人才培养目标的前提。因此，这里首先对实践教学的概念及实践教学范式演变规律进行探讨。

第一节　高职院校实践教学概念的含义、结构与功能

实践教学作为一个教育学术语，存在“实践”与“教学”的内涵整合，同时又与高职院校人才培养目标这一语境发生关联，其含义、结构和功能都有待于从逻辑上予以厘清。

一、高职院校实践教学的含义

早在高职院校发展之初，《教育部关于加强高职高专教育人才培养工作的意见》（教高〔2000〕2 号）（以下简称“教高〔2000〕2 号”）

就指出："实践教学要改变过分依附理论教学的状况，探索建立相对独立的实践教学体系。实践教学在教学计划中应占有较大比重，要及时吸收科学技术和社会发展的最新成果，要改革实践教学内容，减少演示性、验证性实验，增加工艺性、设计性、综合性实验，逐步形成基本实践能力与操作技能、专业技术应用能力与专业技能、综合实践能力与综合技能有机结合的实践教学体系。"那么，何谓实践教学？基于不同角度的认识，人们对此所做的回答会有所差别。教育学家顾明远教授主编的《教育大辞典（下）》认为，实践教学是相对于理论教学的各种教学活动的总称，它包括实验、实习、设计管理、实际操作、工程测绘、社会调查等，旨在使学生获得感受性知识，掌握技能、技巧，养成理论联系实际的作风和独立工作能力。这种看法在教育部的政策性文本中也有所体现，如教育部2000年颁布的《关于开展高职高专教育师资队伍专题调研工作的通知》（教发〔2000〕3号文）中指出："教学可分为理论教学和实践教学，理论教学包括课堂讲授、课堂讨论、习题课等教学环节；实践教学包括实验、实习、实训、课程设计、毕业设计（论文）等教学环节。"

上述看法对"实践教学"所指概念的外延，应该说给出了比较明确的描述。但由"实践"和"教学"组合而成的"实践教学"这一词组，其所指称的概念，存在对前两者所指称概念的整合和语境变迁。在作为概念内涵的语义上，它可表述为"以实践为手段和途径的教学"或"为了教学的实践"。为此，我们需要先弄清"实践"和"教学"的内涵本质。

首先，现代汉语中"实践"的本义为"实行、履行"，与源自古希腊语"praxis"的英文词"practice/practise"语义相近。它所指称的哲学概念"实践"的内涵已在学术界形成基本共识，即：主体能动地改造和探索客体的社会性的客观物质活动；它具有客观性、自觉能动性和

社会历史性的特点；其主要形式有生产活动、处理社会关系/服务的活动和科学实验活动。这里，生产活动包含物质生产活动和精神生产活动；处理社会关系/服务包括物质性的和精神性的社会关系处理或服务（如管理、教育教学、咨询指导等）；科学实验包括探索性实验和验证性实验等。

其次，从“教学”方面看，现代汉语中“教学”的语义源自古汉语的“教”，是基于“教育”的角度来理解的。对于这一点，东汉许慎在《说文解字》中有清晰的描述：“教，上所施，下所效也。”其中“施”就是操作、演示的意思，“效”就是模仿和效仿的意思。可见，在我国古代，“教”指的就是“教学”。这种认识一直延续到近代。后来，随着国外教育思想的引进，语义的发展采取了综合的逻辑（既……又……），以“教学”指代“教师的教与学生的学”，同英文的“teaching”、“instructing”、“learning”相对应。由于教学现象非常复杂，以至人们对于隐藏在教学现象内部的本质性问题产生不同见解，迄今尚未得出一个精确的教学定义。正如《国际教育百科全书》所描述的那样：对于教学的使用，在不同历史时期，人们有不同的认识和看法，它的外延、内涵都会发生或多或少的变化。如在古代，教学就是向某人演示如何做某些事情；而在现代，教学即是传授知识或技能（Teaching is imparting knowledge or skill）。美国哲学家、教育家杜威曾为教学概念做过十分形象而简洁的比喻：教之于学犹如卖之于买，“教学”意味着教与学的双方通过相互作用而产生的某种结果，教学就是让学习者掌握所教的东西。这种观点强调教与学之间的依赖性和教学的结果，但忽视了教学的过程。如果教师在教，学生也在学，但学生就是没有掌握，依据这一认识，教师就没有教，学生也没有学，那么，前面的活动又称之为什么呢？

哈佛大学教授谢弗勒（I. Scheffler）认为，教学是一种有意向的活

动（Intentional activity）。教学并不能保证教师一定取得成功，但教学要求教师积极参与这项活动，而且注意这项活动的进展，发现问题的症结，努力改变学生的行为，以帮助学生学习行为的形成。教师的行为表现受自己的意图所左右，而他们的意图是以教师自身的信念体系和思维方式为基础的。这种观点强调教学活动的目的性和教师在教学过程中的主导性，关注教学过程而非结果。但教师的行为出现不择手段怎么办?

英国的彼得斯（R. Peters）和赫斯特（P. Hirst）认为，“教学”这样一个词虽然经常出现在日常语言中，但在教育科学中，其含义是用业已证实的经验来表述教师的工作效果的。如在教一个具体概念时，如果教师指出定义性规则，并提出正、反面的例子，那么学生掌握那个概念的可能性就增大；或如果教师在学生做错时给予正确反馈，那么学生学好的机会就会增多。因此，教学必须符合三个基本的条件：一是教师有目的地引起学生的学习意图，二是说明或表达一些要求学生学习的内容，三是选择一些恰当的认知方式。这种观点从教师工作效果的角度对教学进行定义，较之从学生学的效果更具有操作性，实现了教学定义形式上的统一。但仅仅考虑教师而忽视学生，这显然也是存在缺陷的。

国内学术界对教学概念所持的主流观点是：“所谓教学，乃是教师教、学生学的统一活动；在这个活动中，学生掌握一定的知识和技能，同时身心获得一定的发展，形成一定的思想品德。”类似的观点在《中国大百科全书（教育卷）》也可以看到，“教学是教师的教和学生的学的双边活动。学生在教师有目的的、有计划的指导下，积极主动地掌握系统的文化科学知识和基本技能，发展能力，增强体质，并形成一定的思想品德。”这种观点揭示了教学活动中的教师“教”和学生“学”的相互依存和相互制约的辩证关系，同时强调了学生在教学活动中应该在知识、技能、身心、思想品德各个方面都得到发展。

可以看出，上述关于“教学”的观点虽然基于认识角度的不同而

有所差别，但在语义上存在共性特征，即教育目的性、计划组织性、指导学习性。至此，联合“实践”的本质特征，作为融两者内涵于一体的“实践教学”，逻辑地看应是：为培养学生专业实践知识、能力和素质而有计划地组织其参加由专业人员指导的生产/服务性或实验性活动过程，或换言之，即通过有计划地组织学生参加生产/服务性或实验性活动而达到培养其素质与能力的教育活动。

由于高职院校举办高职教育培养人才的目标，定位于为社会生产、建设、管理、服务等一线岗位培养高素质技术技能人才，这就内在地决定了高职教育的一切教育教学活动和环节，都必须为保证有助于学生形成较高职业素质、掌握职业技能来选择、计划和实施。因此，基于“实践”与“教学”内涵整合而得的实践教学定义，在与高职院校人才培养目标语境联系起来后，可进一步确定其内涵为：实践教学是指为培养学生的职业素质和技能而有计划地组织其参加由职业人员（或精通者）指导的生产/服务性或实验性活动过程。这一定义逻辑地规定着高职院校的实践教学，必须融生产/服务性和实验性与教育教学性于一体，其中生产/服务性实践教学处于核心地位。只有这样，才有利于学生职业素质的形成、发展和对职业技能的习得与掌握。

二、高职院校实践教学的结构与功能

结构是组成事物有机整体的诸要素的结合方式，即诸要素相互联系、相互作用的比较稳定的形式。与结构相对应的是事物的功能，它是指具有一定结构的系统整体同外界环境相互作用时所具有的反应能力或作用。结构和功能是一切事物都存在的相互联系的两个方面，具有客观普遍性。一方面，结构是功能的基础，功能是结构的外部表现，结构制约、决定功能；另一方面，功能又具有相对独立性，对结构有反作用。

基于上述原理，可以逻辑地认为：所谓实践教学的结构，是指构成

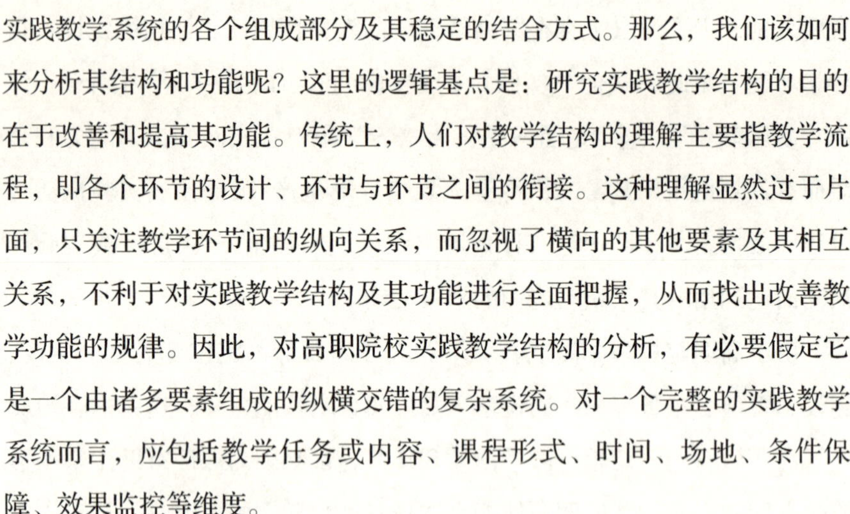

实践教学系统的各个组成部分及其稳定的结合方式。那么，我们该如何来分析其结构和功能呢？这里的逻辑基点是：研究实践教学结构的目的在于改善和提高其功能。传统上，人们对教学结构的理解主要指教学流程，即各个环节的设计、环节与环节之间的衔接。这种理解显然过于片面，只关注教学环节间的纵向关系，而忽视了横向的其他要素及其相互关系，不利于对实践教学结构及其功能进行全面把握，从而找出改善教学功能的规律。因此，对高职院校实践教学结构的分析，有必要假定它是一个由诸多要素组成的纵横交错的复杂系统。对一个完整的实践教学系统而言，应包括教学任务或内容、课程形式、时间、场地、条件保障、效果监控等维度。

（一）内容维度

人才培养目标的内涵需要通过具体的教学内容来体现。换言之，教学内容的选择必须要与人才培养的目标相一致。这虽然涉及教育观问题，但就高职院校实践教学内容的选择而言，可定位于满足学生能够成为“合格的职业人”，即与社会特定职业岗位群需要直接接轨为标准。具体地说，就是要培养学生从业的技术技能和综合职业素质，包括职业认知与技能、职业态度、职业情感、职业承诺与创业精神等。所谓职业认知，是指对特定职业和行业的认识和了解；职业技能指顺利完成职业岗位工作任务所需要的技术经验知识与操作技巧，这是学生毕业后成为“合格职业人”的核心基础。职业态度和职业情感是学生对特定职业的心理倾向和体验；职业承诺则是学生对特定专业的内心投入程度；创业精神是学生开拓职业领域、实现自我价值的内在动力。这些内容对毕业生的“入职”选择、就业机会和未来职业生涯发展均有重要影响。

（二）课程形式维度

基于培养目标而选定的教学内容或教学任务，需要采取适当的课程形式来实施。与实践教学内容相对应的课程组织形式通常有见习、实

验、实训、实习等。一般的，见习课是由学校教师组织学生，带着事先布置的作业课题到相关职业工作现场去参观，通过观察、听取职业人士介绍、提问交流和反思总结等环节，解决对社会职业岗位工作的认识和初步体验问题。实验、实训课主要由学校教师组织学生到学校相应的实验室、实训基地等进行，能有效培养学生的职业基本操作知识和技能。实习可分为顶岗实习、参与职业岗位工作实习等形式。在组织形式上有集中实习与分散实习之分，课程的负责人可由学校教师与聘请企业人员联合担任。实习课是培养学生职业综合素质与技能的最有效途径，但其质量则取决于学生在实习过程中所担任角色的投入程度，并与其所受到的指导与监控水平有关。

（三）时间维度

从时间安排上看，高职院校的实践教学有集中与全程式、短期与长期之别。所谓集中式，是指把全部或主要的实践教学集中安排在学生即将毕业的那一个时段；全程式则是指将实践教学循序渐进地安排在学生整个就读期间。至于短期与长期，即指实践教学时间安排的长短，从几个星期到一年或一年以上不等。从学生职业素质发展和知识技能形成的一般规律看，高职院校的实践教学需要结合理论知识教学的进度，在充分考虑学生已有专业知识的储备和对职业技能掌握的特点的前提下，遵循由简单到复杂的原则，分步安排深浅难度不同的实践教学课程。因此，将实践教学循序渐进地安排在学生整个就读期间，并给予足够长的实践时间，是有利于他们职业素质的形成和对技能的掌握的。

（四）场地维度

在场地方面，高职院校的实践教学有在校内实验室、实训基地进行，也有在校外社会职业现场进行，还有在由学校主办的实习公司职场进行等多种情况。在校内实验室、实训基地进行实践教学，主动权掌握在教师手上，可依照人才培养计划的要求开设实践课程，但缺少真实职场环境，职业态度、职业情感等无从培养。在社会职业现场进行教学，学生可以体验真实的职场情境，有利于他们职业综合素质的培养，但教师的介入受限，教学的进程难以掌控。校内实习公司可算是进行实践教学的最佳场所。我们姑且把它称之为有别于一般性校内实训和校外实习的“第三条道路”。这是因为：一方面，由于校内实习公司的主动权由校方掌握，工作的进程可配合教学的需要而展开；另一方面，校内企业工作现场又是真实的职业场所，能让学生身临其境，培养职业综合素质。

（五）条件保障维度

实践教学的条件与保障主要是指为各种实践教学所提供的保障性投入。包括实验、实训、实习基地建设、实践教学的制度保障、实践教学的经费投入、实习指导教师队伍建设等方面。实验、实训与实习基地的建设一般可通过争取财政拨款、校企共建等资金投入渠道，来改善校内实验、实训条件。例如，鼓励社会资源通过投资、参股等方式参与建设，共创产学研合作教育基地等。在校外实习基地建设方面，可按照互惠互利的原则，建立一批相对稳定的校外实习基地。值得说明的是，就国内高职院校实践教学的现状看，创办实体性公司，即类似于经济实体的服务性、经营性和生产性组织，当属实训基地建设的特殊形式。如广东农工商职业技术学院以管理系牵头正式注册成立“校内实习公司”，参照现代企业制度，建立股份制组织机构，并相应建立各项管理制度。公司通过招聘的方式，挑选在校学生作为各部门管理层的人员。学生按教学计划分批轮流到实习公司、实习超市进行专业实习。实行在专业老师指导下由学生自主经营、自行管理、自我服务、自负盈亏的管理模式。这种校内实习公司把企业的生产/服务性与教育性特征融合在一起，具有较好的实践教学功能，同时能够可持续发展。

与此同时，高职院校的实践教学需要既精通职业岗位业务又懂教育

的教师来承担，因而“双师型”教师队伍建设非常重要。建设之道通常采取“两条腿走路”的方法。一是学校建立理论教师与实践教师定期换岗制度和专业理论教师限期通过相关专业职业资格证考试制度，通过强化专业技能考核来提高理论教师的实践能力。二是聘请企事业单位的专家、有工作经验的人员以及实践基地有丰富经验的技术骨干作为兼职实习、实训指导教师，由此建立起一支以专职为主、专兼结合的实践教学师资队伍。此外，实践教学管理体系也是影响实践教学功能的重要条件和保障，这包括实践教学组织管理、运行管理和制度管理等。学校需对实践教学进行宏观管理，制定相应的管理办法和措施。如要求各个专业都制订独立、完整的实践教学计划，并针对实践教学计划编制实践教学大纲和教学指导书，规范实践教学的考核办法，以保证实践教学的质量。

（六）效果监控维度

效果监控维度是指对实践教学效果进行评价的组织和实施过程。一般存在全程、过程监控与结果评价、校内教师监管与聘请企业人员监管等方式。就功能上看，全程性的过程与结果评价相结合、校内教师监管与聘请企业人员监管相结合的方式效果较好。

总体上看，不管从何种维度、视角和时空观来理解、审视高职院校的实践教学，其组成结构的内核都存在以下两个共性特征：一是实践教学的宗旨在于为社会生产、建设、管理、服务一线岗位培养具备一定实践经验的高素质技术技能人才，使他们能够尽快胜任职业岗位工作。二是最有价值的实践教学，应为按照人才培养方案进行的有实践课程规范、有教师指导，并以胜任岗位工作为本的实践教学，即基于实践场域并指向实践场域的教学（Darling－Hammond，2006）。

当然，以上描述仅仅涉及高职院校实践教学的客观形态结构，核心是诸要素的有机结合及其功能表现。但这些要素该如何结合，却取决于

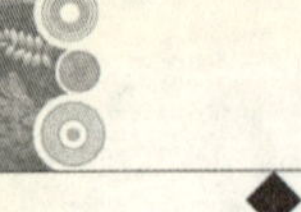

主导者的教学观念和教学思想。因此，下面一节，我们将把焦点放在隐藏于实践教学现象背后的深层原因方面，重点探讨实践教学的范式及其演变规律。

第二节 高职院校实践教学的范式及演变

高职院校的实践教学是在教育共同体所承诺的一定社会规范下进行的，存在共通的信念、方法与手段，从而形成相互参照的基本模式，即范式。这种范式对解释一定时期高职教育实践教学活动各组成部分及其相互关系如何结合在一起，并在一定情境或时间范围内如何发挥作用等具有重要的价值。

一、范式与实践教学范式

"范式"这一源自希腊语"Paradigm"的用语，原指"典型范例"。美国科学哲学家托马斯·库恩（Thomas Samuel Kuhn）用它来指称一个共同体成员所共享的信仰、价值、技术等的集合。他在《科学革命的结构》（The Structure of Scientific Revolutions，1962）一书中指出："按既定的用法，范式就是一种公认的模型或模式。""我采用这个术语是想说明，在科学实践活动中某些被公认的范例——包括定律、理论、应用以及仪器设备统统在内的范例——为某种科学研究传统的出现提供了模型。"由于范式是库恩科学哲学理论的核心概念，他试图以此来概括和描述多个科学领域的活动，而不仅仅是对科学史和哲学感兴趣，因而从不同方面、不同层次和不同角度对范式概念做了多重的界定和说明。随后，人们纷纷根据自己的需要引述库恩的某一解释来阐述自己领域的问题。英国学者玛格丽特·玛斯特曼（Margaret Masterman）曾做过系统的考察（1987）。他通过列举库恩《科学革命的结构》一书中使用的21

种不同含义的范式，从中概括出三个方面：一是作为一种信念、一种形而上学思辨，它是哲学范式或元范式；二是作为一种科学习惯、一种学术传统、一个具体的科学成就，它是社会学范式；三是作为一种依靠本身成功示范的工具、一个解决疑难的方法，它是人工范式或构造范式。从库恩范式理论对范式概念的这几种表现形式不难看出，所谓范式，本质上可理解为人类社会活动各组成部分及其相互关系如何结合在一起，并在一定情境或时间范围内发挥作用的模型或模式。范式的突破将导致诸如科学研究等社会实践活动模式的革命，从而获得一个全新的面貌。这一范式概念的独到之处在于厘清了社会活动的含义和构造功能。它不仅揭示了常规科学解决疑难活动得以完成的机理，从而成为开启新学科的契机和手段，而且在应用模型和形而上学之间建立起一种新的相互关系，解决了从一般哲学理论转向实际科学理论的途径问题。

库恩的范式理论对促进实践教学中的理论研究具有重要意义。众所周知，教育教学活动是一种价值涉入活动。实践教学作为教学活动的重要组成部分也必然存在价值涉入。换句话说，它不是价值中立的，而是受培养机构或主导者所持有的教育意识形态的影响。对实践教学所持价值信念不同，对实践教学的性质、功能理解不同，则对实践教学的课程、活动方式和环境设计也千差万别。亦即，实践教学也存在范式问题。而所谓实践教学的范式，实际上就是实践教学所赖以运作的理论基础和行为规范，是实践教学主导者群体所共同遵从的教育信念和行为方式。实践教学范式的不同显示出实践教学的模式有别，范式的不断更新显示出实践教学模式的发展变化与更替。

二、高职院校实践教学范式的变迁

毫无疑问，以价值涉入为基点的实践教学的革新，需要首先考虑范式变迁问题。借鉴库恩的范式理论来审视实践教学，不难看出，实践教学的每种理论形态实际上也就是一种实践教学模式。就世界范围而言，现代高职教育在发展的过程中，先是出现对“科学—理论理性”的痛思和对“知识—能力”取向实践教学范式的质疑，随后逐渐建立起了“技术—交往实践理性”主导下的“反思—实践”取向的实践教学范式。

（一）“科学—理论理性”主导下“知识—能力”取向的实践教学范式

所谓理性是指概念、判断、推理等思维活动，是人类理解和把握事物的智慧和能力。科学理性是人类特有的认识能力和认识手段，是人们对于物质世界中“客观秩序进行反思的努力或能力”。它以揭示事物存在和发展的本质特征和普遍规律，从而获得对事物发展的真理性认识为目的。

近代以来，科学以它给人类带来巨大物质和精神财富的现实而令人肃然起敬。凡是被称为科学的东西，几乎没有人会怀疑它的正确性和真理性。从认识论层面看，按照康德在其《纯粹理性批判》[①] 一书中所阐述的观点，科学理性属于人类的理论理性，是对经验理性的超越；它的核心是解决“我能知道什么”的问题。科学理性的精神主要表现在三个方面：一是坚持理论和实践相吻合的原则下整理自然秩序，它善于探索，把知识归纳成秩序；二是坚持用逻辑实证的方法来构建知识体系；三是制定严格的科学活动公共规则，力求理性最大化。而后者，即科学在追求理性最大化的过程中，一方面突出了科学理论的解释和预期事实的功能；另一方面，在语义上赋予了“进步”和“真理”的意义。当自然现象在更大范围内和更精确程度上被理论与实践相一致地整理出秩序时，人们便称之为进步，同时也更接近真理，因为真理就是自然秩序。

① 康德．纯粹理性批判．上海：华中师范大学出版社，1991.

作为得益于自然科学发展的主要哲学成就，科学理性通过认识论和方法论的渗透，使得教育理论与实践走上了科学的轨道。“科学—理论理性”强调在科学主义范式下获得理论性和普适性知识。“科学—理论理性”主导下的实践教学模式，基于三个基本假设：其一，理论特别是专业理论有助于从业者胜任职业岗位工作，并取得更好的工作业绩；其二，这些理论必须基于科学研究，有实验或经验事实做支撑；其三，教育主导者应该选出相关的理论，作为教学的主要内容包含在人才培养方案中。传统的实践教学模式正是在这种哲学观支配下，主张职前学生应该在就读期间学习理论知识，然后在未来的职业岗位工作中运用所学的理论知识。这就是说，从业者的职业岗位工作胜任能力主要由入职前所掌握的专业理论知识及其应用水平决定，职业现场实践仅仅起检验和应用知识的作用，而不是培养和建构职业能力的主要场所。不仅如此，随着后工业时代的到来，教育的价值追求发展成为使个体适应社会的变革；教育的重心偏向为社会发展服务，为社会的变革和发展培养合格的人才。由此，“科学—理论理性”主导下的教育实践，进一步演化为强调教育实践应从经验事实出发，以既有教育理论为思维框架，遵循逻辑的途径来传承、建构理论，并获得理论性知识。由于认为从业者职业生涯的发展受学科专业知识、社会方法知识等制约，入职后毕业生的专业化程度主要依赖于对这些知识和原理的掌握程度，因此，实践教学的根本任务，就是为学生提供环境，使其对自己已经掌握的知识和原理加以检验和运用。

在“科学—理论理性”的影响下，产生了能力本位的实践教学和实践教学领域的“过程—产品研究”热潮，典型的实践教学模式表现为学校教师指导实习模式、实训模式和实验模式等。这些模型的初衷在于希望通过探索和指明与生产、建设、管理和服务相关的职业行为，以帮助从业者应对复杂的职业岗位工作情境，并形成和发展起岗位工作技能的科学基础。以学校教师指导实习模式为例，拥有专业知识的教师被指派在实习场地与一群学生一起工作；师生比的变化范围为1∶10到1∶100不等；实习时间为一至数周，但教师指导学生实习的时间总计一般只有几个小时。根据实习单位的接纳容量，学生可以安置在数个单位，并可能被分配适当的实习工作任务，教师在几个单位之间走动指导。这种模式虽然能使学生得到专业教师指导，教师也了解教学课程、学生的学习和评价，并可以集中关注与学生经验水平和并行课堂教学内容有关的学习活动，但实习岗位职业人员有极小的教学职责。当教师和学生承担岗位工作时，职业工作人员可自由从事其他实践活动。学生的学习机会不一定能完全得到实现，因为教师无法得知什么时候需要指导。当一个学习机会出现时，教师可能是在另一个单位或者和另一个学生在一起。因此，如果学生没有被证明有能力参与某特定的工作程序或者职业人员没有被授权指导学生，则他们可能就只有袖手旁观了。不仅如此，如果教师被指派要带学生到一个自己专业知识难以胜任的地方去实习，那就会出现另一个局限。事实上，目前高职院校由辅导员带队到校外实习基地实习的现象还不少。此时，需要有更多职业人员的支持，学生和教师成了看客，学习的机会也就非常有限。在这种情况下，实习指导知识贫乏的职业人员与学生和教师交互作用的机会可能会微乎其微。至于实验模式，其内容大多偏重于对理论的检验。由此可以看出，“科学—理论理性”主导下的实践教学，较少关注职场对学生职业岗位工作能力建构的作用。

（二）“技术—交往实践理性”主导下“反思—实践”取向的实践教学范式

技术理性这一概念源自马克斯·韦伯的工具理性思想，并由德国法兰克福学派的代表人物马尔库塞所最早确立。由于技术被看成是人类为满足物质需求、提高实践活动效率而积累、创造并在实践中运用的各种

物质手段、工艺程序、操作方法和相应知识的总和，因而从根本上说，它最基本的含义是追求物质目标的理性程序，是人类一种以效率为取向的目标理性活动。这使得人们形成对技术理性的认识误区，认为技术理性就是工具理性，它与价值理性形成对立的两极：技术理性张扬，必然导致价值理性缺失。根据这种既有的研究逻辑，先验地推出技术理性是现代化工业社会种种弊端的罪魁祸首，应严加批判、限制，甚至否定。幸而，经哈贝马斯（J. Habermas）、海德格尔等西方人文主义学者以及贝尔、拉普等后现代技术批判主义者的发展，技术理性逐渐演化成为一种整合多种理性的人类特殊形式理性。

这里，需要说明的是，当代技术哲学家哈贝马斯等对人类实践理性内涵的重新界定，使得技术理性同交往实践理性联系在一起。哈贝马斯首先提出并剖析了人的行为的“工具行为”和“交往关系”两个范畴。所谓工具行为就是指人们常说的劳动，它是按照技术规则进行的，并以经验知识为基础，具有工具性、策略性和手段—目的性的特点，涉及的是人与自然的关系。而交往关系是指人与人之间的相互理解和一致。他认为在当今经济发达国家中，生产力高度发展，人的劳动日益符合科学技术的要求，人像机器那样机械地行动着，失去了本质的存在，被异化了。技术本身成了对人的统治，技术的合理性转变成了对人的统治的合理性。与此同时，交往行为却越来越不合理化了。人们把处理人与自然的关系的方式搬到处理人与人之间的关系上来，由此引起行为主体之间的不理解、不信任，人与人之间的冲突和矛盾加剧。[①] 对此，哈贝马斯对康德提出的传统实践理性、科学理性和马尔库塞提出的技术理性进行分析和整合，从中找到合理的逻辑处理路径。他认为，无论是对个人权利张扬所引致的自由主义，还是对人的集体精神的弘扬所形成的集体主

---

① （德）哈贝马斯. 交往与社会进化. 张博树，译. 重庆：重庆出版社，1989.

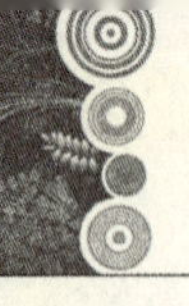

义，它们都没有正确理解实践理性和科学理性及技术理性的区别。自由主义功利至上的追逐使实践理性沦为生存技艺，而自由主义的道德至上取向又对道德伦理持非认知主义的态度。它们所倡导的实践理性均包含一个核心前提：分别是自由意志和传统中的诸善。这在已经祛魅的今天是不适用的。因此，应在交往行动理论的框架内，保存实践理性的内涵与意义，同时确立行为活动中话语的可接受性，并将其用于指导自己的行动。由于可接受性中包含着实用、伦理、道德因素，实践理性的作用与任务便是整合这些因素，帮助实现带有目的性、善和正义特点的合理性选择。这样，通过用交往实践理性来改造传统实践理性，恢复科学理论知识、智慧知识和技艺知识的统一，使得技术理性这一概念从工具理性向价值理性方向发展，以承载人类的价值诉求。其内涵也不仅不再与价值理性对立，而且还高于工具理性和价值理性，从而创生出新的人类特殊形式的理性。至此，作为贯穿于人类技术实践活动中的技术理性，在引入交往实践分析框架之后，逐渐形成了追求合理性、规范性、有效性、功能性、理想性和条件性的特征，并闪射着交往实践理性的光辉。

正因为有“技术—交往实践理性”的关照，20 世纪后半期，高职教育逐渐建立起“反思—实践”教学范式。其基本思想是：从业者不仅需要理论理性，而且更需要实践理性。实践教学工作主导者普遍接受这样的教育观念：“那种把普遍性的基本规则和个别的具体事物对峙起来的技术理性，那种只有抽象的一般性原理的理论理性，那种对各种抽象原理被动应用的技术性实践，是与人类的理性相悖的。”“技术—交往实践理性”主导下的实践教学，着眼于回答职业实践教学活动的主体应该“做什么”、“用什么方法做”以及“怎样做”的问题，从而通过观念的方式将教育活动由本然状态改变成理想的实然状态，并建构出理想的教育世界。

在“技术—交往实践理性”主导下，人们逐渐认识到，学生的专

业化程度和人才培养质量的高低应通过对其“实践性知识”的掌握程度来衡量。对学生传授本体性知识（特定的学科专业知识）和条件性知识（社会方法知识等）并不能满足高职院校培养高质量毕业生的需求。实践教学主导者主张，要让毕业生在职业实践岗位获得工作策略的一般知识、个体的实践性知识以及工作的情境性知识。这里所谓“实践性知识”，具有情境性、区域性、隐蔽性以及主体性等特征。早在19世纪末，美国教育家詹姆士就曾经认为，从业者的工作是以“不确定性”为特征的复杂性实践，工作的艺术应当在职场中凭借创意与具体经验来形成。这一思想终于在当今又被凸显出来，并从教育理念转化为教学行动。一些基于实践行动的教学理论研究也逐渐得到加强。美国教育家唐纳德·舍恩（Donald Schon）指出，在实践性认识论中，理论不是从外部控制实践过程的基础，而是作为实践主体的思考与行为的“框架”在活动过程内部发挥作用。这是从“理论的实践化”（theory into practice）向“实践中的理论”（theory in practice）的转换。美国当代教学设计与技术理论家M. 戴维·梅里尔在其《首要教学原理》一书中指出，学习的本质唯有当知识被应用于现实生活世界时才会被体现。对于入职前高职院校学生而言，他们的学习只有在富有意义的职场情境之中才会变得有意义。因此，高职院校学生需从职业现场情境中获得“现场经验”或者“基于现场的经验”，以形成个人职业知识、技能的基础和更高级的综合素质。实践教学的过程被认为是帮助学生建构、体验和反思“个人知识”的过程。实践教学也不再被看成是从属于理论知识教学的辅助环节，相反，它是人才培养方案设计和实施的重心，决定着理论知识教学内容范围的取舍、深浅和教学时间的安排。

“反思—实践”教学范式下的典型实践教学模式有教育实习公司、循证实践教学、校企联合聘任导师模式等。就教育实习公司模式而言，其关键特征是工作实践与教学是在同一个单位进行的，同时还具有生产、服务职能，这被认为是一个主要的功能。在加拿大、澳大利亚等国，人们对该模式的兴趣日益增强。例如，在澳大利亚，这种教育实习公司表现为一所学院与教育实习公司合作，建立“专用教育实习单位”（DEU）。学生在培养期内，可于任何一年分配到教育实习公司接受实习教育。时间安排交错进行：在为期16周的一个学期里，大学三年级学生每周被安排2～3天；二年级学生在每学期的第6周后被安排跟三年级学生一起参与实习；一年级学生在每学期第10～12周后，要么跟二年级学生、要么跟三年级学生一起实习。学生对自己和同伴的学习负责。公司职员全面负责生产/服务和指导学生。教师确保学生有相关的学习机会和评估学生的进步情况。尊重和信任哲学在公司职员和教师之间得到培植，这有利于学生的学习和公司职员与教师实践教学工作的开展（Edgecombe，1999）。根据Gonda等的研究（1999），这种专业教育公司的好处主要有：能提高知识的迁移（即理论/实践整合）；有利于同伴相互学习；有利于公司职员、教师和学生之间共同探讨；有利于团队合作。唯一的局限是学生工作过量，让其难以对太多的工作时间与课堂责任之间做出平衡的选择。总体上看，这种专用教育实习公司模式的运作机制是有利于“反思—实践”教学范式功能的实现的。

第三节　高职院校实践教学的创新

我国高职院校实践教学深受经验理性传统文化和制度设计的影响，其质量正面临着人才市场的严峻挑战，其提升需通过范式创新与转换来实现。

一、从教育创新的内涵演变看实践教学创新的逻辑路径

创新作为一个概念，最早于1912年由奥地利经济学家约瑟夫·熊

彼特（J. A. Schumpeter）提出，意指一种涉及产品、生产方法、工艺、市场、原料、组织等方面的新生产函数。它包括五种类型：①采用新产品或产品的新的特性；②采用新的生产方法；③开辟新的市场；④掠取或控制原材料或半制成品的新的供应来源；⑤实现任何工业的新的组织，或打破垄断地位。随后，人们纷纷将此概念引入到各自领域，并赋予新的含义。如美国经济学家西蒙·库兹涅茨（S. Kuznets）把创新看成是“为达到一个有用的目的而采用的一种新方法”，而纳尔逊（R. Nelson）和温特（Winter）则把创新看作是“现有决策规则的变化”。这些定义从不同侧面反映了创新的本质特征。1992 年，经济合作与发展组织又约定了一个较宽泛的创新概念，把创新扩展到了包括教育在内的各种领域。

诚然，教育创新这一概念借鉴自经济学，但它的出现却是与教育改革实践相伴随的。这一点，可以从美国教育学者麦尔斯（Matthew B. Miles）1964 年编辑出版的《教育中的创新》一书所述的内容得到印证。该书陈述了美国 20 世纪 60 年代所掀起的教育改革运动，并开始使用“教育创新（educational innovation）”这一概念，意指为实现一定的教育目标而进行的教育变革活动。换句话说，教育创新是教育主体为了一定的目的，遵循教育教学发展的规律，如学生认知发展规律、教育适应社会需要的规律等，对教育系统的整体或部分进行变革，从而使其得以更新和发展的活动。这种更新与发展，可以是教育教学活动从一种形态转变为另一种形态，如课堂理论知识教学转变为生产现场技能实训、大班教学转变为小班教学等；也可以是教育教学活动内部构成因素的增减或重新组合，这种新的组合会使教育教学活动结构更趋合理，功能更齐全，效率得到提升。譬如，课堂教学中现代教育技术手段的引进、新课程的开设等不一而足。概而言之，教育创新是具有目的性、规律性、变革性、新颖性和发展性等特点的教育教学活动。根据这一定义可以推知，尽管教育创新概念的提出不足百年，但作为教育创新的活动，却早与人类社会教育的发展相伴随。教育自产生以来所不断进行的各种各样的活动，如学校的创立、学制的更改、课本的出现，都可以说是教育创新活动。由于实践教学属于教育教学活动范畴的下位概念，因而可以逻辑地认为，所谓实践教学创新，就是为了实现教育目标而进行的实践教学变革活动。

既然实践教学创新是围绕既定的目标而展开的，那么，从分析影响教育目标设计的因素入手来探讨实践教学创新的路径，这在逻辑上是可行的。鉴于教育目标的设计涉及教育传统、教育方针与政策、教育理论与观念、教育方法与手段、教育内容与形式等，因此，实践教学创新也可以从准确把握我国教育教学传统着手，通过教育教学理论和观念的创新，达到教学方法与手段、教学内容与形式乃至教育制度的创新。

二、正确认识我国实践教学的传统与现实

自古以来，中国社会文化形成了一种尊崇个人经验的传统，作为构成思维方式核心要素的思维立场和态度，也深深根植于先人的经验中。不难想象，生长在这种文化土壤中的高职院校实践教学，免不了受经验理性所主导。拥有经验者即为师，教学的主要内容则是学习从业者的成功经验。无论是习医、学艺，还是“学而优则仕”，都无不是通过师传经验来实现。这与西方崇尚逻辑思辨和逻辑实证的科学理论理性传统形成鲜明的对比。

到了近现代，由于西学东渐，在高等教育迅速发展的同时，人们纷纷采纳西方教育理论的研究范式。从微观的角度审视，众多西方教育评论方法的引进，尤其是20世纪80年代以来不断涌进国门，改变了我们研究高职教育的视角、方法和途径。这种研究范式的改变导致了传统的断裂。西方理性主义逐渐占据教育的各个领域，现代学校教育方式的奠

基人夸美纽斯在其《大教学论》一书中所主张的“秩序是把一切事物教给一切人们的教学艺术的主导原则”深入人心。教育者们普遍相信整个世界都在某种秩序的框架中运行。然而，到20世纪中后期，复杂理论的提出和混沌世界观的重新形成，动摇了这种普遍秩序的信念。在高职教育领域，出现了对“科学理性”的痛思和对“知识—能力”取向实践教学范式的质疑。但由于受传统文化和制度因素的影响，我国高职教育并没有像西方发达国家那样，由“技术—交往实践理性”主导而建立起完整的“反思—实践”实践教学范式。

从现实观察来看，我国高职院校实践教学存在制度环境支持缺力、主导者角色缺位、实践教学组织缺形和师资队伍设计缺编等问题。首先，从制度环境支持方面看，我国缺少像西方发达国家如德国、美国等那样的法律强制和税收减免等制度支持力，来推动企事业等单位参与实践教学；同时，官本位的文化传统和国家制度设计对这一传统的强化，又削弱了人们掌握社会生产、建设和服务一线岗位技能的自发行动力，甚至使这种自发行动力沦为社会弱势群体或弱者的象征。其次，从实践教学主导者方面看，作为职业岗位工作技能的教学本应由用人单位职员来联合主导，但现实中却几乎是由高校及其教师独自担当。其结果，教学的内容和方式始终难以摆脱学科理论教学本位的阴影。再次，在实践教学组织体系方面，国内没有建立起成规模的教学与生产相结合的实践教学组织或机构体系，甚至连20世纪90年代前期因行业办学留下的教学与生产相结合的“组织胚胎”，也被随后的种种改革消除殆尽；坊间由高校自发建立起来的一些类似机构，则因得不到法制保护而举步维艰。最后，与上述几种现象相关联的，是在师资队伍建设中缺少享有社会劳动保障支持的“企业教师”岗位编制，因而无法从制度上鼓励企业岗位骨干职员积极承担教师角色，并使得来自学校的教师与企业职员的教师角色难以融合。很明显，上述种种现象，是极不利于高职院校实践教学质量的提升和发展的。而对这些问题的解决，也只有在理解实践教学复杂本质的基础上才能找到有效的解决路径。

三、从跨学科的角度看实践教学的复杂本质

实践教学（这里主要指职业岗位工作实践）是由实践环境条件和实践者（如学生、企业职员及学校教师等）组成的复杂活动系统，学生在这一系统中所发生的学习行为及受到的教育影响是错综复杂的。首先，越来越多的研究表明，学生的职业岗位实践不仅是其已有知识与技能的运用，更是一种复杂的知识与技能的建构过程。这一点，得到了来自社会科学和生命科学日益增多的证据支持。美国哈佛大学心理学教授斯腾伯格（Sternberg，1949）根据其多年的实证研究结果认为，人的互动路径与动态学习能力的发展是通过职业岗位实践实现的。与此同时，许多人工智能和机器人“不能做什么”的研究，也进一步证实了人的学习行为与能力具有错综复杂、整体感知和动态的性质（Clancy，1997）。英国教育学者艾德蒙还根据他自己及其同事的研究结果认为，学生的职业实践是一种需要对思维、情感和行为进行整合，并着力于多因素和多层面问题处理的活动过程。

其次，英国学者厄洛特（Eraut，1999）经过长期的实证研究认为，人的职业岗位知识由命题性知识、过程性知识和隐性知识等不同种类知识构成，并建议，“在没有忽视命题性知识对过程知识作用的前提下，无论是学术规训还是职业岗位训练，都必须把过程知识放在优先的位置”。这种称为“知道如何做某事和完成某事的核心知识”的过程性知识，其复杂性与富有职业规范特征的社会情境和认知整体性相关联。他强调，“盲目培养独立于社会职业情境而又虚无缥缈的概念技能是非常危险的，因为所拥有的技能只是过程性知识的单一方面。人们还需要懂得什么时候和如何使用它们”。这种懂得“何时”和“如何”运用知识

技能的本领，是通过综合应用命题性知识和在反复解释实践环境、适时应答反馈的经历中学会的。从逻辑上讲，这只有在社会实践情境下才可能发生，同时，还涉及运用人的所有感官产生的整体感知问题，伴随着潜意识的学习。正如美国加利福尼亚大学教授贝纳（Benner，1989）所描述的那样，这将形成能够自动化应对实践情境的“习惯性技能化肌体”。

再次，大量教育实验研究的成果业已证明这样一种教育观点的有效性，即：通过感知的完整经历和来自职业工作现场的交互反馈，人的每一种知识都将不断地整合、建构、解构和重构，进而成为个人的专业知识和能力，又通过专业知识和能力的不断增强而形成和发展起职业认同（Chaklin，1999；Birchenall，Cox，1997，1999；Eraut，Jarvis，1999）。考克斯（Cox，1997）还强调，人类和社会具有将职业实践规范即“沟通、感知、推理和管理技能以及职业实践的伦理与行为基础”渗透到每一实践活动中的特点。

总之，来自不同学科的研究都指向支持实践教学的复杂本质，这包括实践教学活动的结构与过程均具有复杂性，同时也说明职业岗位工作实践对培养学生职业知识与技能及其综合素质具有重要的价值。因此，职业岗位工作实践应成为高职院校人才培养工作的核心环节，在高职教育教学中当处于极其重要的地位。

四、基于情境与工作的学习：走向新的实践教学范式

不少实证研究结果表明（Benner & Wrubel，1989），职业岗位工作胜任者的主要特征，是能有效利用情境中各种因素间的复杂交互作用，并对职业岗位工作情境关系进行协调或管理。这些由伦理和人的综合素质决定的应对情境变化之胜任特征，不仅表明职业岗位工作者具备职业岗位所需要的各种技术与能力，而且完全掌握了应对各种职业工作情境变化的本领。当然，这也是区分人与机器工作的重要质量标志。

事实上，职业岗位工作活动并不是单一线性的过程，它是多元线性甚至非线性的，有多个活动在同时进行。绝大多数职业岗位工作，如商品销售、餐饮服务、办公文秘、护理等工作，都是在履行管理和协调职责的同时，不停地执行着许许多多离散的操作事务。以护理为例，负责护理几位相关患者的护士，必须在同一时间内监控、护理患者，协助处理医生与患者、患者与患者之间的关系。这是一种无形的综合技能，它一旦被掌握就会内化于心。有经验的护士，她更倾向于用隐秘的语言和同事们交流。当他们各自都有一系列相似的体验时，能通过特定工作情境线索而达到相互理解。然而，这是护士所做的分内工作，仅仅是与“做事”结合在一起的“基础”、“常规”护理工作角色内容，而不会描述为复杂的管理工作角色。

值得说明的是，上述这些胜任特征，只能通过职业岗位工作实践来形成，并经由主体在职业发展过程中所掌握和内化的各个阶段。伯纳（1984）在阐述护士培养的实际情况时指出，许多复杂的互动技能是情境性的，当中的职业知识与技能需要从实践情境中学习得到。譬如，在同时监护所有患者相关活动的情况下看懂某个特殊情形，并对其微妙的社会心理需要信息进行解读，知道何时及如何做出合适的回应，这种能力显然只能通过实际工作环境的反复体验来建构。这里，问题的关键是，如何最佳地获得隐藏在职业岗位实践中的知识。是仅仅提供较长时间的职业实习机会还是别的什么，就有希望解决这样的难题？我们不妨从分析作为生手的学生对工作绩效的冲击程度，以及影响他们从学生向企业职员身份变迁的相关技能缺失着手。美国教育家伯茄纳（Birchenall，1999）认为，基于工作的学习，其目的是要抓住作为主要学习资源的职场活动的本质，学生和初入职者需要了解的不少内容都隐藏在职业实践的日常活动中。这需要借助互动的实际行为经验来理解和掌握。但在没有教师的指导下，他们往往很难发现隐藏在职业实践日常

活动中的知识与技能内容。通常情况下，一个生手要花上 3～4 年的角色准备时间（其中 50% 的时间花在岗位训练上），才能逐渐领会和掌握职业实践日常活动中所隐藏的知识与技能，并真正开始有效地履行职业岗位角色。在此期间，他们常常因为岗位知识与技能缺乏而出现工作失误，绩效不佳，甚至给工作单位带来重大损失。然而，现实不容许这样的情况发生，新入职人员必须迅速投入到一种复杂而又不稳定的工作情境中。在这种情境下，社会经济的制约会使他们产生不稳定感，工作繁重，压力大，工作节奏非常快，以致要想履行岗位职责，就得彻底掌握工作环境情况。那么如何才能解决上述这样的两难问题呢？

显然，这需要借助集教育与生产/服务功能于一体的实践教学系统来解决。在这样的系统中，既存在社会生产/服务情境因素，又有履行教师角色的主导者，使得作为实践主体的学生通过岗位工作活动，同系统中的其他要素充分地发生互动，产生职业实践工作体验。同时，又能在教师的主导下，有计划地识别、理解隐藏在职业实践活动中的知识与技能，从而以最少的失误代价在短时间内建构起自己的职业岗位工作知识与技能体系。如何建构集教育与生产/服务功能于一体的实践教学系统？一个可行的路径是通过整合学校教育与社会企业生产/服务资源，建立类似校内校外实习公司，或通过校企合作在生产/服务企业设置教师岗位，聘用有能力切实履行教师职责的企业人员担任实习指导教师，让学生有机会按照人才培养方案的要求进行职业岗位实习。毫无疑问，这将给现有的高职教育观念与理论、政策与制度、方法与手段带来挑战。我们需要通过选择一种已经在西方发达国家建立起来的“反思—实践”范式来应对。或许，广东农工商职业技术学院创新提出并实践的“校内实习公司”的实践教学模式是一种有益的探索与选择。

第二章

高职院校构建校内实习公司的理论依据及其功能定位

基于上章“反思—实践”实践教学范式的理性思考，积极推进高职院校实践教学的改革与创新是非常必要的。目前，高职教育实践教学的形式多种多样，校内实习公司是最近提出的一种新型的实践教学形式。在我国，最早提出“校内实习公司”这一概念的是广东农工商职业技术学院，并于2000年开始践行和探索，但有关校内实习公司的系统理论还未形成。深入系统地剖析校内实习公司，还需要从概念界定、理论支撑、功能定位、遵循的原则、运行的模式、操作的流程、教学与实践的协调等方面进行系统的研究。这里主要探索校内实习公司的理论依据和功能定位。

第一节　校内实习公司的相关概念及其相互关系

随着校内实践教学研究的不断深入，人们对校内实践教学的形式进行了诸多探索，对校内实践教学的形式也有不同的提法。在诸多提法中，校内实习公司、校内实训基地、校内生产性实训基地等均无清晰的界定。本节首先对校内实习公司做出界定，并进一步分析校内实习公司与校内生产性实训基地的关系。

一、对“校内生产性实训”及相关概念的理解

为了能够清晰、准确地界定校内实习公司，有必要再进一步澄清实

践教学的有关概念。理论教学和实践教学共同构成了职业教育的教学活动，而高职教育的实践教学则主要由实验教学、实训教学和实习教学三个环节构成。

（一）实践教学中的实验、实训、实习三者的概念

实验教学是指学生根据实验指导书的要求，在教师的指导下，使用一定的设备和实验材料，按照既定的方法和控制条件，针对课程课堂教学的某一或某些内容，如假说、假设、原理、理论所进行的验证性操作行为。实验教学一般是在实验室进行的，目的是深化课堂的理论教学，验证知识或获取新知识，培养学生的基本技能。随着教育教学的发展和探究式学习的推动，综合设计型实验教学和研究创新型实验教学也在近些年来被提出和运用，但综合设计型实验教学和研究创新型实验教学在实际教学中还不多见。

实训即实际训练。实训这一概念最早出现在军事领域，后来实训教学的概念被引入到教育领域，近些年来也被延伸到社会培训机构和企业内训等领域之中。高职教育的实训教学是指在学校控制状态下，针对课堂教学的目标或职业岗位所要求的职业技能和素质，所进行的实际演练和培训。实训包含有实际操作、练习、训练、培训之意，它是“实战”前的强化环节，一般安排在生产实习之前进行。其特点包括，首先它是在教师的控制状态之下进行的，学生在其中是受训者的“受体”角色；它针对的是学生的职业技能或职业素质，它不但包括动手操作能力，也包括操作规程、心理素质、语言能力、沟通能力等领域；实训的形式有实战性的，也有仿真性的，如会计模拟仿真训练等；实训的对象可以产出有形或无形的“产品”，也可以不产出产品，所产出的产品一般也不进入流通领域；实训的场所一般在校内的专门实训室或实训基地进行，实训的直接目的是为了适应顶岗实习的需要；实训不同于顶岗实习，培训与练习在实训中的比重要比顶岗实习要高，所产出的产品废品率也比

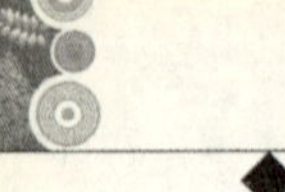

顶岗实习高。

实习又分为教学实习和生产实习。无论是教学实习还是生产实习，都是在真实环境中进行的。教学实习，即课程教学的实习，是针对某一门课程在课程之中或课程结束之后所进行的实习，是对所学课程知识巩固性的实习。生产实习又称顶岗实习，是学生以工人、技术员、管理者、业务员等工作者的角色，在生产现场和师傅的指导下，直接参与生产过程，完成一定的生产任务，产出有形或无形“产品”的实践活动。在传统的教学中，由于课程的学时所限，教学实习的时间一般都很短暂，在形式上也以接受实习方讲解、校方主控的参观等为多见，较少有顶岗操作。而生产实习则是以顶岗为主要形式，是在师傅的指导下以上岗就业为目的的综合性实习。学生在其中的角色不是“受体”而是操控的“主体”。

（二）校内生产性实训及实训基地的有关观点

教育部在2006年《关于全面提高高等职业教育教学质量的若干意见》（教高〔2006〕16号文）（以下简称“教高〔2006〕16号文”）首次提出校内生产性实训一词，提到：“要积极探索校内生产性实训基地建设的校企组合新模式，由学校提供场地和管理，企业提供设备、技术和师资支持，以企业为主组织实训。”教育部在《2007年度国家示范性高等职业院校建设推荐预审标准（试行）》中，将校内生产性实训明确地表述为“由学校提供场地和管理，企业提供设备、技术和师资支持，校企合作联合设计和系统组织实训教学的实践教学模式”。这是目前官方对校内生产性实训最权威的表述。不难看出，这种表述作为一种概念，虽然在一定程度上反映了校内生产性实训的基本特征，但还缺乏对其本质内涵的反映，且其外延过于狭窄。在主体上局限于校企双方，将学校和其他多元的主体排除在外，与目前高职院校校内生产性实习、实训的实际也不相符。这种界定反映了对校内生产性实习、实训认识的阶段性。

张萍（2007）、刘家枢（2008）等从校内生产性实训基地角度，何应林（2007）、郑德荣（2009）、童卫军（2011）等从校内生产型实训基地角度，对校内生产实训的概念进行了延展，认为基地建设的主体应当拓展到包含学校自身以及学校与政府、行业、企业的联合。丁金昌（2008）对社会上的种种观点进行了归纳，并提出了自己的观点。他认为，对校内生产性实训的认识，可以归纳为两种。一种观点是：相对于以往传统的消耗性的实训，生产性实训必须有企业的参与，必须要做到校企合作，应该生产出有形或无形的“产品”；另一种观点是：只要把企业真实的设备、工具、环境、任务搬到校园实训室，学生在实训教师的指导下完成实训任务，生产出一定的“产品”，实训的过程与实际工作的操作过程完全一致，即实训室已经具有产品加工、生产的功能，也可以认定为生产性实训基地。丁金昌认为，无论是第一种观点还是第二种观点，生产性实训的主要目的都是为了培养高技能人才。因此，实训最终要达到的目的是：一是要实现“工学结合”的人才培养模式，二是要真正实现学生顶岗实习，三是要实现学生零距离就业。只有达到上述三个目的，才能称得上真正意义上的生产性实训。[①] 显然，丁金昌教授等也没有对校内生产性实训给出完整的定义。

（三）对教育部校内生产性实训一词中“生产性”的理解

何应林（2007）、郑德荣（2009）、童卫军（2011）等在所发表的论文中，对校内实训使用了“生产型”的概念。针对社会上交叉使用校内生产性实训基地和校内生产型实训基地概念的问题，我们认为，教育部在校内实训中所使用的“生产性”的含义有别于“生产型”的概念。

---

① 丁金昌．校内生产性实训基地建设的探索．中国高教研究，2008（2）．

“生产性”和“生产型”是两个不同的概念。虽然“生产性”和“生产型”这两种称谓都是成立的，在现实当中也是存在的，而且两者也有诸多共同之处，在人才培养的模式和培养目标上也是一致的，都是要实现“工学结合”的人才培养模式，都是要在真实的环境中产出有形或无形的“产品”，都是要真正实现学生顶岗实习和直接就业，但“生产性”的概念不同于“生产型”的概念。我们认为，从基地的角度来审视，“生产性”和“生产型”基地在内涵上存在着明显的区别，两者组织形式有着明显的不同。在功能上凡是具有“产出”性质的基地都属“生产性”基地；而“生产型”实训基地不仅具有“产出”性质，而且还是一个完整企业机构，它属于校内生产性实训基地的一种。二者在概念上存在着从属关系；从实训的角度来审视，“生产型”的称谓就不甚明了了。因为，实习和实训都可以在“生产性”基地中进行，但实习必然是在“生产性”的“生产型”基地中进行，而实训则可以在任何“生产性”基地中进行。因而，“生产型实训”的称谓颇有不妥。将“生产性”和“生产型”的概念进行区分，有利于进一步探讨不同性质的问题。

我们认为，教高〔2006〕16 号文对校内实训以“生产性”一词来提出，虽然并没有对校内生产性基地做出严格的界定，但其核心词汇基本反映了教育部的精神。其出发点是，使基地具有更为宽泛的外延，将具有“工学结合”性质、利于学生职业素质培养的基地统统纳入其中，给高职院校在校内实习实训基地建设上以更大的灵活性和探索的空间，引导学校因地制宜，依据自身的不同情况，创建丰富多彩的利于学生职业素质培养的新途径，并从中筛选出具有生命力的途径，进而逐步使之趋向成熟、完善，由“生产性”向“生产型”的企业转化。其核心精神是，应采取不拘任何形式的“工学结合”，培养学生的职业素质。这应当是教育部使用“生产性”一词的精神实质。

我们还认为，教育部使用“生产性”一词，另一层含义是既包括生产也包括经营。

（四）对教育部校内生产性实训一词中“实训”的理解

教高〔2006〕16号文在校内生产性基地中使用“实训”而非“实习”一词。一方面，这是在强调“实训”教学在职业教育中的价值。实训意味着操作和训练，意味着“教、学、做”的一体化，“工厂即教室”“教室即工厂”，学生一边操作一边接受培训，“教学内容与工作任务合一”，体现着工与学的“交替”和“融合”，这是教育部的明确导向。另一方面，在高职院校使用“实训”基地一词，也是在考虑学校在校内实习方面现有条件的局限性。纵观1999年我国开始大规模举办高职教育以来教育部有关高职教育的文件（教高〔2000〕2号、教高〔2004〕1号、教职成〔2004〕12号、教高〔2006〕14号、教高〔2006〕16号、教高〔2010〕8号等），不仅反映了国家对高职教育认识的不断深化，而且也反映了高职教育发展的主线。教高〔2006〕16号文明确指出，“使校内生产性实训、校外顶岗实习比例逐步加大，提高学生的实际动手能力”，落脚点是“提高学生的实际动手能力”。换句话说，高职院校应当创造一切更为有利于“提高学生的实际动手能力”、实现学生上岗就业的条件，这就包括具有“真实”企业环境的校内生产性实训基地。

（五）对教高〔2006〕16号文校内“实训”和校外“实习”的思考

教高〔2006〕16号文指出：“使校内生产性实训、校外顶岗实习比例逐步加大。”这一提法，容易使人产生在校内的教学实践活动为实训、在校外企业的教学实践活动为实习的思维定势，或者理解为在校内只能进行实训，在校外企业才能够开展实习活动。对此，我们提出这样的思考：校内能否进行实习？校内实习是否具有更大的价值？这是本章接下来要讨论的重要问题。

二、校内实习公司概念的提出与界定

基于高职教育发展的客观要求，我们提出了校内实习公司的概念。然而，由于我国高职教育起步晚，但发展却很快的原因，不但校外实习基地数量跟不上职业教育的发展，校内生产性实习基地的建设更是缺乏经验，而且对校内生产性实训的概念，目前在学术界也尚未有公认的界定，更无对校内实习公司的深刻认识。因而，界定校内实习公司的概念将成为一项首要任务。

（一）校内实习公司概念的提出

自21世纪初开始，我们对岗位能力的分析和学生岗位技能的培养，进行了诸多有益尝试，对职业岗位能力进行分析，对小企业的创业者的岗位能力、通用能力，通过DACUM表的形式进行了分解，试图以岗位能力的需求来确定教学的内容。这虽然对于学生知识、能力的培养起到了重要作用，但仅停留在岗位能力分析和调整教学内容的层面上，还是远远不够的。学生获得上岗就业能力，必须要有真实环境下的实操训练。

2000年下半年，我们开始筹划并于2001年挂牌建立了校内市场营销专业实习超市，提出了校内经营性实习公司的概念。随后，将这一思路向财税、法律等专业拓展，在校内成立了财务咨询公司并进行了法人登记，为企业代理记账、代理纳税申报，以及审计、财税咨询等业务。同时，公司还有自身的财务工作，会计工作的内容齐全，岗位分工明确。

2006年我们申请课题立项，并于2007年获得中国高等教育学会“十一五”教育科学研究规划课题“高职院校实践教学创新的理论与实践——构建校内实习公司，培养学生职业素质”（项目编号：06AIJ0130182）立项。结合学校实际，我们开展了广泛调研，并深受启

发，尤其是在调研广东外语外贸大学的勤工助学活动中，提出了“云山模式”①。广东外语外贸大学针对学校贫困学生群体日益扩大的现状，为充分发挥勤工助学岗位的济困育人功能，由学校出资建立了学生勤工助学基地，下设云山咖啡屋、云山网球俱乐部、云山健身室等7个经济实体，开展经营活动。学生勤工助学基地完全交由学生自主创建、自主管理，并注册了“云山”商标，形成了具有一定影响力的品牌。经过数年的发展，学生勤工助学基地不但规模得到了扩大，作用也日益突出，还为贫困学生提供了2 000多个校内外兼职及助学岗位，并把近100万的利润重新注入学校的济困助学基金，最终实现了“取之于学生，用之于学生”的良性循环。调研中，我们也发现了校内基地发展中的制约因素和进一步发展的空间。通过对“云山模式”的跟踪研究，我们坚定了以下几个方面的认识：

1. 校内实训基地需要规模化发展

校内实训基地只有实现规模化，才能接纳一定数量的学生，才能产生效益。

当前，我国高职院校实训基地建设有单纯面对教学的倾向，这使得校内实训基地缺乏做大、做强和品牌意识。校内实训基地只考虑能够满足接纳学生实训教学之用，至于有无规模、能否实现盈利，不在考虑的范围内。依据这种理念，校内实训基地的象征意义必然要远远大于其实际意义。其结果，校内实训基地只存在小规模的实践教学，而不是规模化的生产经营，也不可能发展成规模化的品牌企业。只有实现校内实训基地的经营化，具有营利意识，才会具有品牌意识、市场意识、竞争意识，产生危机感和紧迫感，基地才能不断发展壮大，才能产生效益，才能具备生存下去的根基。

---

① 杨群祥.“云山模式”对高职院校实践基地建设的启示与借鉴. 中国高教研究，2008（11）.

2. 校内实训基地需要市场化经营

一些校内实训基地具备了生产性，开展了来料加工等业务，产出了具有使用价值的产品，学生在其中也接触到了真实产品的生产过程，亲自参与了操作，实现了实训教学的功能，甚至所生产的产品也能够进入市场成为可以流通的商品。但是，在整个过程中，品牌意识、市场意识还不够强，缺乏竞争压力所带来的紧迫感和危机感，常处于一种“不紧不慢，有活则干，无活则练”的状态，只能靠投入、靠补贴存活，基地也难以发展壮大。没有经营的支撑，实践教学也就缺少了生存的根基，实训基地与其存在的目标也会渐行渐远。因而，校内基地仅仅具备能够接触到真实的生产和产品还不够，还需要融入真实的市场之中，积极参与市场竞争，与社会接轨，做出规模，做出品牌，获得利润，产生效益，才能保证扩大再生产的需要，使校内基地能够生存和不断壮大。这是高职院校实训基地建设的最终之道，也是高职教育“工学结合”办学模式的必然要求。从这个角度上讲，校内实训基地仅仅能够满足真实的生产环境而缺乏真实的市场环境，在功能上是不够的。

3. 校内实训基地需要企业化运作

只有实现企业化运作，才会产生真实的企业环境和市场环境，进行科学化的管理和运作。

校内实训基地，需要将企业的制度引进校内实训基地的经营管理之中，必须按照生产管理制度要求设立校内实训基地制度，按照企业的规范化操作标准和企业执行的产品、服务标准设立实训实习的考核标准，引进企业的文化和理念。只有规范化才能有效率，有效率才能有效益，有效益才能生存、发展。没有规范化的运作，产品合格率、工期等均无法保证，效率效益也就无从谈起。从这个角度上讲，校内实训基地仅仅能够满足废品率很高的实训功能的需要，是远远不够的，也难以实现学生毕业直接上岗。

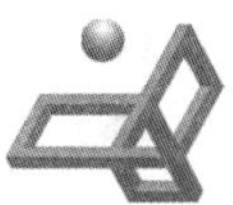

4. 校内实训基地需要创新性

创新性也是校内实训基地生存发展的一个重要因素。所谓创新性，简单地说就是“敢为天下先”。当前，越来越多的企业开始认识到自主创新给它们带来的利润增值潜力，纷纷将资本投入到企业自主创新与技术研发上。而令企业感到失望的是，高职院校实训基地建设中的创意与创新性明显不足，大多只是对已有技能的简单重复。企业的期望与高职院校实训基地的实际创意性存在明显差距。创新性是吸引企业实现校企共建的根本。创新性不仅包括内容的创新，也包括校内基地建设形式上的新探索。

事物是联系的、系统完整的，在“工”与“学”的结合之中，仅仅从一个整体中摘取出部分以实现完全的真实，在理论上是值得商榷的，校内实训基地建设即是如此。仅仅从企业中摘取其生产真实的产品，而未引进企业的文化、制度以及与市场接轨，校内实训基地就难以存活，就只能靠投入来维系。因而，只有全套的整体引进，才能实现真正的真实。

基于此类思考，我们认为，校内生产性实训基地仅仅满足于实训的需要是不够的，无论是从基地的生存角度考虑还是从学生直接上岗就业的能力培养角度考虑，都存在着一些现实问题。因而，我们坚定了校内实习公司这一概念的使用和探索。

（二）校内实习公司的内涵与外延

什么是校内实习公司？我们认为，校内实习公司是依据教育规律和市场经济规律，整合和利用校内自身资源与优势，由学校独自或与企事业单位等社会组织合作，通过真实产品的生产经营、社会服务、技术研发等生产性活动过程，在培养学生职业素质的同时，获得一定的经济效益，实现实践教学可持续发展的一种组织机构。这是一种创企业于学校、寓教学于实践、教学与生产（经营）相结合、理论与实践相结合

的教学模式。其形式包括校内实习超市、校内实习工厂、校内创意实习公司、校内财税咨询公司等。它包含了如下要素:

1. 遵循现代职业教育的理念和规律

校内实习公司的建立，是遵循现代职业教育的理念和规律，依据专业教学和人才培养的需要而建立的。它不同于新中国成立初期为了解决财政困难的纯劳动性校办企业；也不同于“文革”期间偏离教育教学规律的生产劳动；还不同于前些年社会化了的、单纯以营利创收为目的的创收产业。校内实习公司的设立是基于专业建设的需要而建立的，其生产、经营的项目内容与专业建设密切相连，其内部布局和结构利于实践教学的开展，其制度的制定能够保证实践教学实施，其实践教学活动符合高素质技术技能人才培养的职业教育先进理论。

2. 公司主体的多元化

教高〔2006〕16 号文明确提出:“高职院校要按照教育规律和市场规则，本着建设主体多元化的原则，紧密联系行业企业，不断改善实训、实习基地条件，积极探索校内生产性实训基地建设的校企组合新模式。”这里的主体多元化是指，校内实习公司的主体可以是学校独自创建，也可以与政府、行业、企业或者社会联合创建，还可以包括师生参与的创建。组织形式可以独资，也可以股份制。与企业共建、校企合作是资源共享最好的形式之一。

3. 公司实行企业化管理，企业化运作

校内实习公司的环境依照企业生产环境、经营环境来布置，让学生感受企业的生产氛围和企业化文化；实习设备贴近或领先于企业当前使用的主流生产设备；公司管理引入企业的管理制度，人员管理、生产管理、质量管理、财务管理、成本管理等，均实行企业化的管理方式；实习项目为企业真实的生产订单任务；实习过程符合真实的生产操作流程，与生产过程完全一致；产品质量标准依据的是企业、行业或国家标准。

4. 公司是真实性的生产经营实体，实行独立核算，自负盈亏

校内实习公司不是生产性设备的展示厅或产品生产的示教室，也不是校内模拟（仿真）性实训中心或纯消耗性的重复训练。模拟或仿真性实训可以使用模拟课件或仿真课件，可以使用模拟设备或仿真工件，但产品是不具备进入商业流通、产生实用价值的。这里所指的实体是能够完成社会订单的真实性生产经营实体。学生面对的是真实的市场环境，所生产的产品是进入商品流通领域的真实的产品，所提供的服务是真实的社会需求。

5. 公司参与市场的竞争

校内实习公司是具有效益的公司，具有可持续发展性。实习的内容，是以企业生产经营的任务为中心的。它与常态观念中纯消耗性的实验、实训不同。它要通过学生的实习，能够产出产品、获取效益，并参与市场的竞争，公司具有可持续发展性。

6. 学校的主导性

这里所说校内实习公司，不同于一般性的校企合作。一方面体现在时间保障上，学校能够按照协议自主安排在实习公司进行的实践教学，学校的课堂教学和实习安排由学校主导；另一方面体现在学生实习的岗位和所接触到的内容，不受或很少受企业的制约，学生能够接触到核心技术。

7. 实习场所的就近性

校内实习公司并非绝对地理位置上的校内，公司可以设在校内，也可以设在附近。就近性是指，学生实习场所与课堂授课场所、图书馆等教学设施较近，便于学生就近实习、教师施教、查阅资料、请教问题和答疑，学生进入实习场所如同进入课室一样方便，也不需要重新考虑学生食宿等问题，能够方便实施实践教学的任务。

在外延上，校内实习公司既包括工商注册的法人机构，也包括准法人机构。其核心是具备参与市场竞争的企业性质。公司可以接纳学生的顶岗实习，也可以接纳参观、实训。

总之，通过创设校内实习公司，为学生创造一个真实的实践环境，学生通过实际动手操作和训练，了解企业的生产流程，熟悉行业主要仪器设备和基本工具，掌握企业生产工艺和专业技能，并养成良好的职业道德，培养市场观念和竞争意识，并为企业创造价值。这种实习公司是融实习、生产经营、技能鉴定、技术服务和企业管理五位于一体的机构，体现为七个方面的合一：车间、教室合一，学生、学徒合一，教师、师傅合一，理论、实践合一，作业、产品合一，教学、科研合一，服务、创收合一，实现"以产养教"、"以商养教"、"实习养实习"的形式。其最终目的是：构建以职业能力为本位、学生为主体的可行性实践教学体系，真正实现学生顶岗实习和高质量就业。

三、校内实习公司的特点

显然，本文所说的校内实习公司不同于普通的校企合作机构，也不同于普通的校内实训机构。它是一种新型的实践教学途径，包含了职业教育的新思想、新理论、新特点，是一种实践教学的新范式。在创新性上主要有以下特点：

（一）它是一种职业教育的新理念，其特质在于具有自身鲜明的目的性和蕴涵了主动学习的教育思想

校内实习公司的实践教学活动，其目的是实现学生操作技能、整体思维和综合素质的培养，并为今后的职业发展奠定基础。它通过将课堂所学与实践相结合，来接受实践的检验；并通过工作岗位中的体验、感受，以明确学习的任务和方向，带着实践中的问题回到知识的学习中去，解决理论知识问题，为今后学生的职业发展和技术革新奠定基础；通过再回到实践中去，在如此反复的学中做、做中学的工学交替，手脑

并用中，实现以工促学、以学为工，达到完全顶岗的要求，并以实现人的协调发展和综合素质的提高为最终目的。

其所指向的这种目的，是通过“主动学习”来实现的。这里的“主动学习”是相对于被动接受而言的，特指学生在与公司事务的接触中，在吸取各种信息以及包括教师、师傅、同学等在内的各种交流活动中，通过新的信息与自身头脑中已有信息的冲突，自己来确立起对事物的观点认识，并在再实践的过程中，不断得到修正和完善，在这种不断反复的过程中提升自身的观点和看法。

（二）它是一种育人的新范式，其特质在于包含了实践与教学的结合与交替

这种模式是保证其培养目的实现的特定模式。该模式的突出特点是，学生一边在校内实习公司实习，一边在校内学习理论知识，它包含了如下含义。

（1）这里的实习不是模拟和观摩，而是指在真实环境中的实际操作。换言之，模拟的实践环境在程度上无法达到这种模式所指向的目的；参观考察等短期实习活动，学生往往只能是走马观花，难以对应一个相应的岗位获得工作流程的亲身体验，也难以在某种程度上达到工学结合所指向的目的。

（2）实习与教学这两种场所和两种活动内容之间不是截然分开的，而是有机组合的，交替进行的。换言之，缺乏交替的毕业集中实习、所学内容与实习内容未充分结合的实习，也同样在程度上难以达到该模式所指向的目的。

（三）它是一条有别于校外实习基地和校内模拟实训的高素质技术技能人才培养的新通道

高职教育高素质技术技能人才培养的关键，是提高职业岗位能力和综合素质。这需要通过大量的实践课程来实现。在国外，技术技能人才

的培养主要是通过企业参与人才培养过程来实现的。国内高职院校也不乏仿照国外的做法，努力争取企业参与人才培养过程的培养方式，但由于受到国家制度设计和传统文化的影响，企业参与的积极性并不高。因而，实践教学难以按照教学大纲的要求展开，效果堪忧；也有的院校与企业合作进行“订单式”培养，这虽是一种企业参与人才培养的较好范例，但多为一次性行为，不具有可持续性。校内传统的仿真模拟实训，又缺乏企业的真实环境。能有效地投入使用的实践教学基地相对匮乏，这已成为高职院校实践课程开发的瓶颈。而校内实习公司的创设，由于引进了企业制度，其具有了企业的生产经营属性；又由于由学校主导，具有了学校教学的属性；同时，还具有可持续发展性。这在一定程度上解决了企业有效地参与人才培养的实习基地匮乏的问题，较好地解决了我国高职教育人才培养中实践教学的难题。

校内实习公司将高职院校的教育属性和公司的生产经营及服务属性有机融合在一起，使人才培养方案的制定与实施者之间合二为一，较好地解决了高素质技术技能人才培养所需要的既具有真实情境性，又具有按照人才培养方案的需要开展教学的场地和组织难题，从而有利于学生职业素质的培养。同时，基于校内实习公司所建构的实践教学理念、教学组织与活动方式，也有利于高职院校实践教学理论的发展和研究范式的转变。

四、校内实习公司与校内生产性实训基地、校内实训基地的相互关系

校内实习公司与校内生产性实训基地、校内实训基地是相互联系又有区别的。理顺三者之间的关系，有利于更为清晰地界定校内实习公司的概念。

（一）校内实习公司与校内生产性实训基地的共同点与不同点

校内实习公司与校内生产性实训基地的共同点包括：

（1）在主体上，二者都可以是多元化主体，都可以由学校独自创建，或学校与政府、行业、企业或者社会联合，还可以是师生参与创建。

（2）在场所上，二者都是在校内或学校附近，包括工业园区。

（3）在实践教学的过程上，二者都是“教学做”的统一，都是“工”与“学”的交替。

（4）在环境和操作上，二者都是在真实的“生产”环境之中，并产出有形或无形的产品。

（5）在目的上，都是以提高学生的整体素质、培养学生直接上岗就业的能力为目的。

校内实习公司与校内生产性实训基地的不同点在于：

二者是包容关系，校内生产性实训基地包含着校内实习公司。校内生产性实训基地可以是公司形式，也可以是准公司形式的车间、中心等。校内实习公司是校内生产性实训基地的特殊形式。

（二）校内实习公司、校内生产性实训基地与校内实训基地三者的共同点与不同点

（1）学生在其中的角色不同。学生在校内实习公司和校内生产性实训基地中的角色是工人、职员、管理者等与企业员工同样的角色，是主体的身份。而在校内实训基地中，学生的角色是学习者，是“受训者”的身份。

（2）实践教学的安排不同。学生在校内实习公司和校内生产性实训基地中以“做”为主，结合企业和学校的指导。而在校内实训基地则以训练为主，边做边训练。

（3）学生实践中所产出“产品”不同。校内实习公司和校内生产性实训基地所生产的“产品”是直接进入市场的商品，具有使用价值。而校内实训基地所产出的“产品”不一定成为商品，且废品率也较高。

(4) 校内实习公司所面对的不仅是企业环境，而且还面对市场环境。校内生产性实训基地所面对的主要是企业环境，间或有市场环境。而校内实训基地一般来讲只面对企业环境，甚至实训室的模拟环境。

(5) 在实践教学的目的与效果上，学生在校内实习公司和校内生产性实训基地的实习，所指向的是顶岗就业，获得包括岗位技能、市场意识、竞争意识等方面的综合素质。而校内实训基地的实训室是为顶岗实习做准备的实训。

第二节　构建校内实习公司的理论基础分析

构建校内实习公司不是只有实践的摸索，而是有哲学、心理学、教育学、组织学、经济学等理论支撑的实践，同时，这些理论为校内实习公司的科学运作提供了进一步研究与发展的空间。

一、校内实习公司教学模式的哲学基础

（一）马克思主义认识论的实践观点，为校内实习公司教学提供了最基本的哲学观点

马克思主义历来坚持从物质到意识的认识路线。在马克思主义看来，认识从实践中产生，随实践的发展而发展的，认识的根本目的是为了实践，认识的真理性也只有在实践中得到检验和证明；认为认识的发展过程是从感性认识到理性认识，再由理性认识到能动地改造客观世界的辩证过程；一个正确的认识，往往需要经过物质与精神、实践与认识之间的多次反复；社会实践的无穷无尽决定了认识发展的永无止境。毛泽东同志在《实践论》提出的“实践、认识、再实践、再认识，这种形式，循环往复以至无穷，而实践和认识之每一循环的内容，都比较地进到了高一级的程度”是认识运动的总规律。

依据马克思主义的认识论，人的认识过程是要经过“实践—认识—再实践—再认识……”循环往复的过程，是不断实现从感性到理性、由现象到本质、由外部联系到内部联系的认识过程。实践是认识的基础，学生的认识必须通过实践，运用所学知识去解决实际问题，并在实践中验证、丰富所学知识，在理论与实践的融合过程中，逐步提高认识。学生在校内实习公司的实习，既是将所学知识用于实践的过程，也是从实践中获得直接经验、丰富所学知识的过程。这对学生综合素质的提高意义重大：一方面，实践本身所蕴涵的诸多因素对实践能力的发展起着促进作用；另一方面，实践活动的结果对个体实践能力的发展起着迁移、推进作用；再者，对于高职教育来说，实践教学也是高职教育的应有之意。从更高层的意义上讲，人的主体性是通过实践教学得以体现的，实践教学还是实现人的全面发展的根本途径。而校内实习公司为实践教学提供了新的可能性和更强的、方便灵活的途径。

（二）建构主义“主动学习”的哲学思想，为校内实习公司提供了“交替式”学习的重要依据

依据建构主义哲学，由于世界万物都是具体的，知识并不能绝对准确无误地概括世界的法则，在具体的问题解决中，知识不可能是一用就灵的，而需要针对具体问题对原有知识进行再加工和再创造；事物的本质深藏于事物的内部，不可能以实体的形式存在于事物的表面，教师传授给学生的书本知识（人们对事物的认识）不可能都是对现实的纯粹客观的反映，不是问题的最终答案，它只不过是前人对客观世界的一种解释或假说，不一定都是事物的“真”，它必将随着人们认识程度的深入而不断地变革、升华和改写，出现新的解释和假设；学习的过程就是个体把外界刺激所提供的信息整合到自己原有认知结构之中，产生自己对具体事物理解、形成自己观点的过程；学习者个体对事物的看法，往往是由于学习者个体基于自身的经验背景而建构起来的，是在特定情境

之中形成的，是学习者这个学习的主体与面对的客体相接触、在主客体的相互作用中形成的；由于不同的人因其看问题的角度、自身的经历、文化背景等因素不同，不同的人也不可能对本质性认识（即知识）有同样的理解，对问题有同样的看法，赋予同样的意义，每个个体总是以自己的经验、方式和信念为基础来理解现实、解释现实、描绘现实、构建现实，形成了自己个人对事物的理解；由于个体对世界的认识无法脱离特定的社会环境，也就无法脱离具体情境中的社会互动。

建构主义进而认为，个体认识的形成和发展、精神世界的建构，总是在社会参与和社会互动中实现和完成的；学习者对事物所产生的理解和看法是学习者“主动”的意义赋予的过程，是通过接触事物—思考或发现问题—搜集解决问题的信息（包括向他人请教、交流讨论等）—思考并形成解决问题的方案—再次接触事物……反复多次的过程；在这个过程中，学生不断修正、丰富、完善、发展和巩固自己头脑中原有的知识（包括从书本、课堂获得的知识），形成和发展自己的观点；这里的“主动”形成是相对于“被动”接受而言的，是指学习者个体赋予事物意义、形成自己的观点看法的过程，即无法由他人替代（不是承接教师思维的结果，不是教师替代学生思维）的过程；这种“主动”赋予、形成自己对事物的理解，与被动的复制式的学习前人积淀的知识，有着不同的价值，对学生终生的发展、创新有着重要作用。

建构主义的思想表明：①被动的、灌输式、复制式的学习，导致的是生吞活剥的结果，知识仍不属于学生自己。学生只是一个知识的存储器而已。相对于“被动”接受，这种由学生自己形成的对事物的认识、“赋予”事物的意义（即主动学习），才能成为真正为学生所拥有的知识。②这种主动赋予知识的意义的学习能力和结果，利于学生形成主见、综合素质的提高，利于培养面向未来的人才。③这种接触事物—思考或发现问题—搜集解决问题的信息—思考并形成解决问题的方案—再

次接触事物……反复多次的“交替”过程，不仅利于知识的融会贯通，也提高了学生的操作技能和职业能力。④将教学置于真实情境之中，采取实践与理论教学交替进行的形式，也是职业教育培养高素质技术技能人才、实现学生就业和培养学生综合素质的重要途径。⑤校内实习公司，完美地将“真实情境”和“工学交替”结合起来。这一点，是校外非工学交替形式的实习基地和校内单纯模拟性实训所难以实现的。

二、校内实习公司的教育学、心理学依据

（一）陶行知的“社会即学校”、“教学做合一”教育思想

陶行知以种田为例，“种田这件事，要在田里做的，便须在田里学，在田里教”。在陶行知看来，“事怎样做便怎样学，怎样学便怎样教”，“教的方法根据学的方法，学的方法根据做的方法”，“教与学都以做为中心”。他特别强调要亲自在“做”的活动中获得知识。“教学做是一件事，不是三件事”、“教学做合一”。在陶行知看来，“教学做合一”的核心是“实践”，关键是“统一”。这不但是他的教育理论的方法论，也是他的教学论。陶行知的“教学做合一”教育理论融入了马克思主义的认识论观点。陶行知“教学做合一”的思想为校内实习公司“边干边学”、“教学做一体”提供了教育学的理论依据。

（二）让·莱夫和爱丁纳·温格的情境学习理论

美国加利福尼亚大学伯克利分校的让·莱夫（Jean Lave）教授和独立研究者爱丁纳·温格（Etienne Wenger）于1990年前后提出了一种情境学习的学习方式。让·莱夫和爱丁纳·温格认为，知识不是心理内部的表征，而是个体与情境发生联系，并依其变化而变化的产物。换言之，知识具有个体与情境联系的属性，它产生于真实情境中。在莱夫和温格看来，学习不能被简单地视为把抽象的、“去情境化”的知识从一个人传递给另外一个人，而是实践性的，在学习者和学习情境的互动

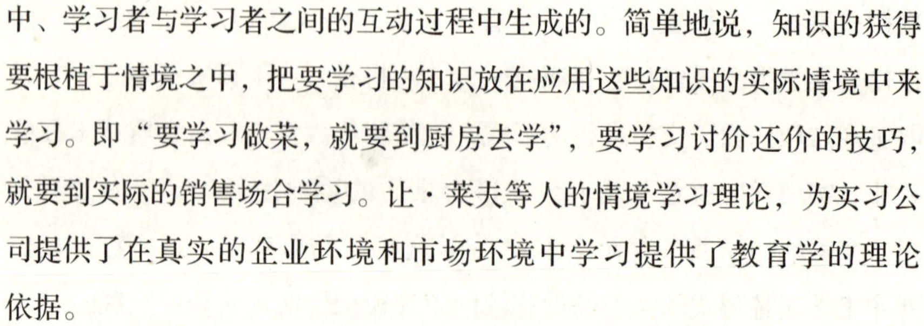

中、学习者与学习者之间的互动过程中生成的。简单地说，知识的获得要根植于情境之中，把要学习的知识放在应用这些知识的实际情境中来学习。即“要学习做菜，就要到厨房去学”，要学习讨价还价的技巧，就要到实际的销售场合学习。让·莱夫等人的情境学习理论，为实习公司提供了在真实的企业环境和市场环境中学习提供了教育学的理论依据。

（三）迈克尔·波兰尼的知识缄默理论

1958 年，迈克尔·波兰尼（Mickael Polanyi）提出：“我们知道的东西比我们能够告诉他人的东西要多。”波兰尼认为，在知识的领域中，有一部分知识是可以通过语言文字或符号的方式清晰地表达出来的。但世间还存在着另一种不能用书面语言、图表或数字公式等可以明言表达的东西，这部分知识被称为缄默知识。缄默知识是不能表达和交流，并仅存于个体内部的经验知识，具有不可言传性和“个人知识”性。这种知识存在于实践中，其获得主要途径不是靠读书或听课，而是要亲身参加相关实践活动来获得。

早在中国春秋战国时期的《道德经》中就有这样的描述：“道可道，非常道；名可名，非常名”，它实质上已经涉及了缄默知识。波兰尼对缄默知识的描述则更为清晰：“缄默知识就是存在于个人头脑中的、存在于某个特定环境下的、难以正规化、难以沟通的知识。”甚至将缄默知识的地位提升到“是知识创新的关键部分”的位置，它支配着人的认识活动的整个过程，是人们获得理性知识的“向导”，是创新的源泉。并且提出，如果说一切知识总体是一座冰山的话，那么，可以言传的知识只是冰山露出水面的一角，而缄默知识则是隐藏在冰山底部的大部分。

波兰尼不但肯定了人类知识中存在一种缄默知识，而且还指出了它获得的途径和重要作用。波兰尼的缄默知识理论表明：①在人的知识体

系中，大量的是缄默知识；②实践是获得缄默知识的唯一途径；③实践教学以及所获得的缄默知识对于创新和对人类的发展有着极其重要的意义。波兰尼为实践教学的必要性和重要性提供了理论依据。

（四）霍华德·加德纳德和罗伯特·斯腾伯格的多元智力理论

哈佛大学霍华德·加德纳（Howard Gardner）教授对传统的智力和智力测评方式提出了质疑。他在 1983 年出版的《智力的结构：多元智能理论》一书中认为，人的智力不是一种而是多元的一组智力，至少包括 7 种智力。而目前所能够测量智力的工具仅仅是语言和数理逻辑，测量的是单一的、用纸笔测验可以测出的解答问题的学业能力。依据这种传统的测量方式把人进行了分类并贴上了标签，是不科学也是不公平的。

加德纳的智力多元论（Gardner's multiple-intelligence theory）认为，人的 7 种智力不是以整合的方式存在而是以相互独立的方式存在的，智力也不是一个用传统的测评方式轻易“被测量”的东西。他把智力定义为是“个体用以解决自己遇到的真正难题或生产及创造出某种产品所需要的能力”，而对智力测评也应当侧重于该智力所要解决的问题或在运用该智力时表现出来的创造性的能力。

耶鲁大学心理学家罗伯特·斯腾伯格（Robert Sternberg）教授于 1985 年发展了加德纳的多元智力理论，提出了实践智力学说。认为，实践性智力是人的智力中十分重要的一种智力，它与传统的学业智力有着明显的不同。学业智力可以通过传统的测评方式来呈现；而实践智力则是个人解决实际工作和生活中问题的能力，它只能从个体实践应对或完成某项任务的表现中来评判。

霍华德·加德纳德和罗伯特·斯腾伯格的智力理论表明：第一，人有多种智力，智力的开发是学校教育的重要任务之一，学校需要全面开发学生的智力，而不应局限于单一的、用纸笔测验可以测出的解答问题的学业能力。第二，实践智力是人的智力的重要组成部分，实践智力的开发必须成为学校教育特别是职业教育的重要任务。第三，经验是实践智力开发的重要影响因素。实践教学属于经验性教学，符合职业教育人才培养的特点，也是实现开发学生潜能、发展人的个性的主渠道。第四，对学生学习结果的评价，有着更多元的评价标准，实践智力的测评也是一个重要的评价标准，这是评价学生整体素质和教学效果的重要方面。这也给了学生更多的发展和成功机会。

霍华德·加德纳德和罗伯特·斯腾伯格的多元智力理论，不仅为校内实习公司的实践教学对学生智力开发的必要性提供了重要依据，而且将实践智力的测评作为学生智力测评的一部分，为学生智力测评的科学性、全面性、公平性提供了理论依据。

三、校内实习公司的经济学、组织行为学依据

（一）校内实习公司教学模式的组织学支撑

（1）从组织元素结构的角度看，校内实习公司兼备了学校的教育属性和企业的生产经营属性，解决了校外实习基地参与人才培养不到位和校内模拟实训缺乏职场真实性的问题。

①校内实习公司兼备了学校的教育属性，解决了校外实习基地参与人才培养不到位的问题。校内实习公司与校外实习基地相比，更具备教育的属性。一方面在地理位置上，便于安排教学与实习；另一方面，这种“厂中校，校中厂”、“工厂即教室，教室即工厂”，或者教室设在工厂一角的设计，利于学生在“干中学、学中干”实施“工学交替”。更为主要的是，由于学校具有较大的自主权和“师傅即教师，教师即师傅”角色设计，则学校更能自主、方便地安排教学活动和实践活动，实习中“教”的功能便于发挥出来。

②校内实习公司兼备了企业的生产的属性，解决了校内模拟实训缺

乏职场、市场等真实性的问题，有利于人才培养方案的实现。校内实习公司与校内模拟实训相比，具有真实的企业环境、企业的文化氛围和市场环境，接受真实的订单、完成真实产品的生产、体验真实的市场竞争，具有企业的属性，利于高素质技术技能人才培养方案的实现。

③校内实习公司具有内涵发展性。校内实习公司的性质，不同于纯消耗性、不考虑盈利因素的实验、实训。其在劳动力成本上的优势和场地、设备等成本上的优势以及生产、经营性，为公司的发展解决了资金上的障碍，解决了校内实习基地可持续发展的问题。

总之，这是一种兼顾企业与学校双重优势，具有理论依据和组织保障、要素完善、优势突出、不同于校内模拟实训与校外实习基地实践教学的第三种范式，是一种校内模拟实训、校外实习基地实践教学的有益补充。

（2）从组织管理学的角度看，校内实习公司这种校企联合的新形式，是“组织”发展的一种必然。

后工业社会的特点是，随着学科的交叉发展和大学科研的复杂性，横断科学与系统科学的出现，学科的交叉与融合的步伐日益加快，并让人们重新看到了联合的力量。再随着信息社会和网络概念的到来，组织从过去的简单、封闭的系统走向联合与协作。面对复杂性的现代社会，“具有明确界限的、分散的组织概念正在被打破”。现代组织管理的一大特点就是把分散的组织转化为网络。“组织必须被作为一种互相依赖的利害相关者的系统来加以管理。”由此，无论是学校还是企业，都是置于社会大系统下的一个小系统。这些小系统在这个日益复杂的环境下，需要不断地与外界进行信息、能量等的交换，在相互作用的组织与组织之间形成“组织集”网络。因而，校内实习公司也就成为学校与企业、社会联合的必然，成为学校与企业、社会信息沟通、能量交换的纽带。所以，现代组织管理学理论，为校内实习公司创设的必要性提供

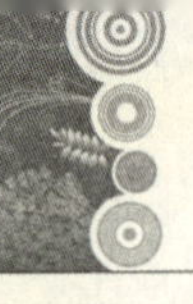

了学校组织管理与发展的理论依据。

（二）校内实习公司的社会学、经济学依据

1. 校内实习公司的社会学依据

作为对社会现象与社会行为具有普遍解释力的社会理论，将个人及其行动总是置于一定文化和社会背景之下来进行观察和研究。就学习者个体的视角而言，社会情境、社会体验、社会互动在实践教学领域有着社会学的意义。大卫·科尔博体验式学习理论，提出有效的学习应从“做”开始，进而去“感受”、反思并发表看法，强调学习的互动共享。学习是一种群体性行为，“知识是个体在与环境交互过程中建构的”，并在“实践共同体”和交互过程中，发展学生的语言能力、人际交往能力、观察力等多种素质。在“实践共同体”和交互过程中的经验，是职业素质获取的主要途径（见表2－1）。

表2－1　职业素质获取的主要途径

<table>
<tr><th>工作技能</th><th>活动要素</th><th>教育/%</th><th>经验/%</th><th>培训/%</th><th>其他途径/%</th></tr>
<tr><td rowspan="3">动手能力</td><td>了解岗位（生产）程序和技术要求</td><td>3.7</td><td>80.5</td><td>15.1</td><td>0.8</td></tr>
<tr><td>掌握完成岗位（生产）工作的技能</td><td>3.3</td><td>83.1</td><td>13.0</td><td>0.6</td></tr>
<tr><td>理解岗位工作（生产）的有关原理</td><td>6.8</td><td>74.4</td><td>15.3</td><td>3.5</td></tr>
<tr><td rowspan="3">分析和解决问题能力</td><td>寻找或判断故障的原因</td><td>3.1</td><td>82.8</td><td>9.1</td><td>5.0</td></tr>
<tr><td>理解岗位工作（生产）的有关原理</td><td>9.2</td><td>67.9</td><td>15.5</td><td>7.4</td></tr>
<tr><td>对工作中的疑问能准确提出问题</td><td>4.3</td><td>86.1</td><td>7.6</td><td>1.9</td></tr>
<tr><td rowspan="3">计划能力</td><td>了解自己的长足与短处</td><td>8.0</td><td>82.9</td><td>5.2</td><td>3.8</td></tr>
<tr><td>能有效分配自己的工作时间</td><td>6.1</td><td>85.4</td><td>5.0</td><td>3.5</td></tr>
<tr><td>主动学习新知识、新技术</td><td>9.3</td><td>64.2</td><td>24.7</td><td>1.9</td></tr>
</table>

续上表

工作技能	活动要素	教育/%	经验/%	培训/%	其他途径/%
横向沟通能力	能与同事讨论工作、生活中的问题	4.8	85.1	5.4	4.7
专业沟通能力	撰写技术报告与技术条件	11.4	66.9	10.5	11.2
	向上级准确汇报工作情况	3.1	87.0	5.1	4.7
	准确地向下级交代工作	2.4	74.4	5.3	17.9
独立工作能力	按时独立完成工作任务，保证质量	3.6	88.6	6.8	1.0
	主动提出改进工作质量的建议	2.5	88.6	6.5	4.4
团队协作能力	与同事合作完成某项工作	3.5	88.6	5.4	2.4
	了解本人工作与整体工作的关系	3.5	85.3	7.4	3.7

数据来源：“不同地区教育现代化的理论与实践研究”课题组. 中国教育与培训（1998年对3万多职工的抽样调查）//郝克明. 经济全球化与中国终身学习体系的构建. 北京大学教育评论，2003（1）：33.

从社会进步的视角来看，知识时代的经济是建立在知识和信息的生产、分配和使用上的经济。建立在知识的生产、处理、传播和运用上的知识经济，决定了知识必将成为生产要素中最能起决定作用的因素。教育，特别是与社会联系紧密的高职教育，需要适应社会发展的需要，与企业联合，为企业和社会输送知识和满足人才上的需求。高职院校作为创造知识、传递知识的基地，在知识时代必将从社会发展的边缘被推到了社会中心的位置，直接为社会、企业服务，在社会发展中做出贡献。

2. 校内实习公司的经济学基础

资源依赖理论的基本前提基于组织是一个开放的系统。在开放的系统中，组织具有以下特性：无法孤立运转；内部无法产生所需的所有资源；为了生存必须从环境中其他组织获取必要的资源。由此，资源的缺乏带来了组织对其他组织的需求。如何解决这个资源矛盾，最好的方法就是通过组织在边际效益的基础上，利用资源互补来实现组织与组织之间的交换。这一理论，使得将企业引入学校的校内实习公司的设立成为必要，为解决高职院校实习资源的匮乏提供了理论依据。

共赢经济学理论的核心是，个体（或组织）在追求个体利益最大化的同时，也能够达到社会利益的最大化，实现共赢。共赢经济学理论为校内实习公司寻求学校和企业的共赢，实现校内实习公司的生存和内涵发展提供了可能。

四、校内实习公司教学模式的价值理论

（一）利于开发学生的思维和主见的形成

相对于教师传承书本知识的被动接受而言，学生自己在实践中的感悟属于主动获得。学生主动获得认识的过程，是经过接触事物获得对事物的认识（包括疑惑、感受等），再经过与同学、老师、师傅的交流、争论以及通过各种途径搜集信息（包括图书、网络等），修正或巩固自己的认识，再到实践中验证自己的认识。如此交替、反复地进行，使自己的认识即知识不断得到完善，形成系统化的、巩固的、自己形成的认识。这就是主动学习形成自己的知识而不是被动承接他人知识的学习。这种由学生自己来赋予事物意义的学习即主动学习，对于学生形成自己的主见，锻炼开发思维，提高综合素质，增强后劲，具有重要的意义。校内实习公司的实践教学，正是这种“教学做合一”、“工学交替”进行的学习方式。

（二）利于学习力的获得，终身学习和学习型社会的实现

有人统计，从 1750 年到 1900 年的 150 年间，人类的知识积累翻了一番。从 1900 年到 1950 年，50 年就又翻了一番。从 1950 年到 1960

年，仅用了10年又翻了一番。从1960年到2000年，每5年翻一番。21世纪初专家预测，到2020年，每73天就要翻一番。原复旦大学校长杨福家院士提出，今天的大学生从大学毕业刚走出校门的那一天起，他四年来所学的知识已经有50%老化掉了。当今世界，知识老化的速度和世界变化的速度一样，越来越快。因而，以传承前人知识为主的教育正在面临着挑战，而在校期间培养学生学会学习、学会搜集信息、学会建立自己的知识体系，获得获取知识的能力即学习力的教育，将成为今后教育的方向。校内实习公司“教学做合一”、“工学交替”进行这种“主动学习”的学习方式，是由学生自己通过接触实际、搜集信息、交流反思等来建构自己知识体系的。在这一过程中，学生获得了建立自己知识体系的方法和学习力。这对于学生个体毕业后的终身学习和作为一代人形成学习、交流的学习型社会，具有重要意义。

（三）利于培养学生的创新能力

美国劳工部预测：今天的学习者在未来更换第10～14种工作时，他们大概38岁。有超过1/4的人会在一年内变换工作，超过1/2的人变换工作的时间不会超过5年。美国教育部部长雷利指出，2010年最热门的10种工作岗位，在2004年还根本不存在。在企业领域，人们一直以来都认为企业的市场竞争实质上是产品的竞争，产品的竞争的背后其实就是技术的竞争，而技术的竞争最终要归结到人才的竞争上。从更为深层次上讲，企业的竞争最终是学习力的竞争、创新能力的竞争。显然，学会学习和创新能力对于企业和未来的毕业生的生存，具有十分重要的意义。传承前人的知识结晶，所传授的内容是迄今为止人类过去对事物的认识、传承的结果，使得学生的发散性思维、逆向思维和想象受到了约束，认知主体的主动性、创新思想和创新能力受到了制约，容易养成不爱问、不想问为什么，也不知道要问为什么的惰性和麻木习惯，难以适应世界科技一日千里的发展。“教育必须要面向未来。”“教学做合一”、“工学交替”的“主动学习”，是学生主动赋予知识意义的过程，是无法由他人替代的。在这一过程中，包含新旧知识、经验的冲突，以及由此而引发的对已有概念结构的重组，这是学生形成主见、灵活处理问题和创新的关键途径，利于学生创造力的产生。学会学习和创新能力是面向未来的，是符合邓小平同志的教育思想的。这种学习方式与传承前人知识有着不同的价值。

（四）利于学生掌握岗位技能和树立市场意识，实现上岗就业和社会化

高等院校是介于中等教育与社会的中间桥梁，是学生完成由学生到社会人转变的重要环节。高职院校的学生在这一阶段需要完成由学生到社会人的转变。在校内模拟的实训环境中，固然可以形成学生的操作技能，但这种环境中只能培养温室的花草，经不起风浪，难以立足社会。而只有在实行企业化的运作、按照企业执行的生产和管理标准运行、参与市场竞争的真实企业中实习，才能使学生既可以获得岗位需要的实际操作技能，又能够培养学生的市场意识。校内实习公司这种真实的企业文化氛围、真实的市场竞争环境，利于学生培养市场意识和岗位需求实际操作技能，从而完成由学生向员工和社会人的转变。

（五）利于学生培养优良的品格和情操

学生在校内实习公司，在人际上对内面对着员工、师傅、上级主管，对外面对着客户；在工作上面对着生产任务、突发事件等，学生在与客户、同事、师傅、上级主管的交流中，在生产、经营岗位临机处理问题和流水作业中，其决断力、洞察和把握时机的能力以及语言表达和沟通能力、工作毅力、吃苦精神等，都能得到应有的锻炼，达到或贴近企业员工的要求。这种真实校内实习公司，对于培养学生的优良品格和情操有着重要意义。

（六）利于实现学生整体职业素质的提高和“人的全面发展”

马克思的社会发展学说将人类高级社会描绘为“人的全面发展”的社会，也就是说人类的最终追求是全面发展。在现阶段，我国高职教育的一个重要目标是提升学生的整体素质。校内实习公司这种教学模式有效地提升了学生的职业素质，利于学生的全面发展。这种教学模式，它既不同于倾向于操作性的职业培训，也不同于倾向于学术性的教育，而是一种兼顾学术性与职业性的统一的教育形式。在实习中，操作训练利于学生职业素质培养，兼顾了职业性；在生产实习与知识学习这种交替学习过程中，实现了主动学习，培养了自己的思维和观点的形成，兼顾了学术性。这种兼顾职业性和学术性统一的教学模式，对于学生的整体职业素质和全面发展具有重要意义。

第三节 校内实习公司的功能设计

校内实习公司作为实践教学的新范式，有着鲜明的目的性。校内实习公司建设的目的和目标的实现，源于其自身拥有的功能效用。

一、校内实习公司建设的目的

高职院校校内实习公司建设的主要目的，简单地讲，一是为学生职业素质与实践操作技能的培养提供条件，二是为“双师型”教师的培养提供条件，三是为社会、企业提供技术服务。

（一）培养高素质技术技能人才是校内实习公司的直接目的

1. 培养高素质技术技能人才是高职教育的应有之意

新中国成立后，我国的高职教育（专科）的培养目标是，专修科培养“高级技术员”[1]。改革开放恢复高职教育之后，1987 年提出的培养目标是“专业技术人才”（国务院批转《国家教育委员会关于改革和发展成人教育的决定》文件），1991 年为“高级操作人员”（国务院颁布的《国务院关于大力发展职业技术教育的决定》），1995 年表述为“高层次实用人才”（原国家教委在北京召开了全国高等职业技术教育研讨会），1999 年 6 月提出“专门人才”（《关于深化教育改革全面推进素质教育的决定》），1999 年底为“技术应用型人才”（教育部召开的第一次全国高职高专教学工作会议），2002 年的表述是“高素质劳动者和实用人才”（《国务院关于大力推进职业教育改革与发展的决定》），2004 年为“高技能人才”（《2003—2007 年教育振兴行动计划》），教高〔2006〕16 号的表述为“高素质技能型专门人才”（《教育部关于全面提高高等职业教育教学质量的若干意见》），2011 年为“高端技能型专门人才”（《关于推进高等职业教育改革创新引领职业教育科学发展的若干意见》）。我国高职教育的人才培养目标，在不同的时期有不同的阐述，反映着国家对高职教育认识的变化。但总体上看，培养目标是基本一致的，其内涵呈现出不断丰富、日益明确和发展性的特点。都体现为培养工作场合和岗位是基层第一线，人才层次是高级人才，人才类型为技术技能型，工作内涵是将成熟的技术和管理规范物化为现实的生产和服务的生产、建设、服务、管理第一线急需的人才。这是高职教育的应有之意。

2. 素质培养是高职教育的时代呼唤

虽然我国高职教育在不同时期对人才培养目标的表述不同，但都是从事物化操作工作的一线技术技能人才。何谓技术技能人才，不同的时期又有着不同的内涵。为了满足生产、建设、服务、管理第一线所急需

① 1952 年高教部《关于制定高等学校工科专修科教学计划的规定（草案）》。

的人才，各国也提出了各种各样的教育主张。能力本位是过去二三十年间在欧美国家兴起的一种职业技术教育观。这一教育思想反映的是新技术革命的挑战与要求，即在知识发展与更新加快、职业与劳动职能变换频率加大的情况下，职业教育的目标应该由过去的知识本位转变为能力本位，培养学生的基本职业能力。进入21世纪后，科学技术的发展已经由分化为主的知识量倍增，发展为以综合为主的科技、经济全球化，这对职业教育又提出了新的更高的要求，即能力本位转化为素质本位。时代对高职教育毕业生的要求不仅仅是技术技能，更重要的是职业道德规范、敬业精神、创新素养、团队合作能力等，以综合素质为表征的人才培养。这是当今新的历史时期对一线高素质技术技能人才的内在构成提出的要求。

3. 职业素质的培养要求加强实践教学

经济合作与发展组织在《以知识为基础的经济》的报告中将“知识”分成四类：关于什么的知识，即事实方面的知识；关于为什么的知识，即原理和规律方面的知识；关于怎么做的知识，即操作的能力；关于“谁”的知识。关于“谁”的知识即是内化为自己的素质还是继承储存他人的知识。经济合作与发展组织知识经济里的“知识”，是广义的概念，包括了常态的知识和能力概念两个方面。而且不难发现，其更强调“谁”的知识即素质。这，仅靠加强课堂教学是不能实现的，必须通过实践才能获得。也就是说，知识经济时代的知识学习离不开实践。

国内外对学生应该具备的能力，尽管研究的角度和方法各不相同，但得出的结论却是大致相同的。认为，学生形成能力的基础，由基本技能（听、说、读、写、算的基本技能）、思维技能（分析问题和解决问题）和个性品质（具有责任感、自尊、有社交能力、自我管理、正直和诚实的个性品质）三部分组成。基于这三部分基础之上，学生应具备

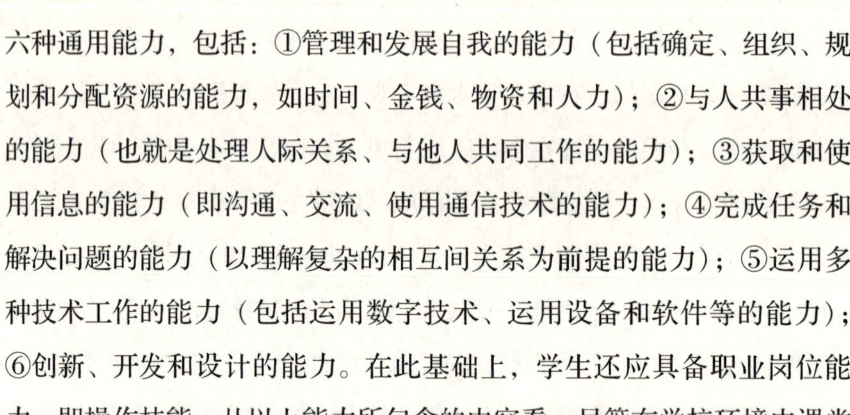

六种通用能力，包括：①管理和发展自我的能力（包括确定、组织、规划和分配资源的能力，如时间、金钱、物资和人力）；②与人共事相处的能力（也就是处理人际关系、与他人共同工作的能力）；③获取和使用信息的能力（即沟通、交流、使用通信技术的能力）；④完成任务和解决问题的能力（以理解复杂的相互间关系为前提的能力）；⑤运用多种技术工作的能力（包括运用数字技术、运用设备和软件等的能力）；⑥创新、开发和设计的能力。在此基础上，学生还应具备职业岗位能力，即操作技能。从以上能力所包含的内容看，尽管在学校环境中课堂学习和知识积累也可以培养一些技能和能力，但大部分能力和技能必须通过实践才能获得。也就是说，能力的培养需要实践。

在构成人才的要素中，有比知识、能力更为重要的东西，就是“素质”。它对于个体接受和获取知识、提高和发挥能力、创新与突破更具影响力，它能使人的知识和能力更好地发挥作用。人的素质不仅与主体固有品质有关，而且与其所从事的实践活动有关。素质不能仅靠理论教育来获得，它还必须通过各种各样的实践活动，通过直接的、现实的、感性的活动来培养和造就。实践对人的素质铸成有着必不可少的作用，素质的社会性本质决定了素质培养不能仅靠学校范围内的教育和教学活动完成，还必须同社会、企业相互配合，在实践中培养。“主动学习”是素质提高的重要途径，而“主动学习”的过程就是实践的过程。总之，素质形成与实践有着密切的关联性。

4. 培养“高端技能型专门人才”更需要实践的环境

《教育部关于推进高等职业教育改革创新引领职业教育科学发展的若干意见》（教职成〔2011〕12 号）（以下简称“教职成〔2011〕12 号文”）提出高职教育要培养“高端技能型专门人才”。按照相关解释，这里的“高端”有三层含义：一是为“战略性新兴产业”培养“高端”人才，特指服务于高端产业的高端技能人才；二是要培养生产、建设、

管理、服务第一线的高端技能型人才，特指本科和研究生层次的高职教育；三是指高职教育所培养的人才，是技能型人才队伍中的高端层次，是中、低端技能型人才的对称。在人才类型上，它不同于单纯的知识型而属于素质型、技能型；在级别上，它不同于按照一定既有的规程进行操作的技术型人才，也不同于具备操作规程规定的技术并能够在此基础上具备更宽泛的知识和创新潜能的技能型人才，而是指向具备潜能且技术娴熟的技艺型人才，属于技能型人才高级层次。

技艺型人才或说技术娴熟的技能型人才，是需要在真实的实践环境中得到直接的、大量的长期熏陶，反复磨炼和探索才能够造就的。它不是“去实践化”和人人均可实现的，高素质技术技能人才、实践与天赋是造就高端技能型人才的必要条件。虽然技艺型人才的培养在学校教育中难以实现，但实践教学和高素质技术技能人才的培养，能够为之奠定基础。

高端技能型人才的高技能含义的另一个方面，是创新能力。创新能力的培养最主要的也是创新意识和实践能力的培养。就创新意识而言，也是只有在具体的研究和创造活动中，在对陌生事物的大胆探索中，也即在实践中才能培养起来，它是在条件相对不完备的环境中，在克服到达目标的困难的过程中，而形成的能动开放的心理定势。至于创新活动，其本身就是一种高度复杂的意志过程，任何大的成就都是在同困难作斗争中，凭借顽强的意志、坚忍不拔的毅力、勇往直前的精神所取得的，而这种意志精神只有在实践中才能培养形成。

实践教学在高职教育中有着极为重要的地位，决定了校内实习公司培养高素质技术技能人才是最根本的目的。

（二）培养高水平的“双师素质”教师是校内实习公司的重要目的

高职教育的人才培养目标既不同于普通学位教育培养的学术型、研

究型、设计型人才，又不同于中等职业教育培育的技术型人才。它具有人才层次的高等性、知识能力的职业性、人才类型的技术技能性和毕业生去向的基层性等鲜明特点。因此，要求高职院校教师必须既要有扎实的理论知识和较强的教学能力，又要具有很强的专业实践能力和丰富的实践经验。

1998 年，原国家教委在《面向 21 世纪深化职业教育教学改革的原则意见》中首次使用“双师型”教师的概念。提出，职教师资应“专业理论与实践技能并重”。2002 年，教育部在《关于加强高职高专院校师资队伍建设的意见》（教高厅〔2002〕5 号）中明确提出：“要通过支持教师参与产学研结合、专业实践能力培训等措施，提高现有教师队伍的‘双师’素质。”同时明确规定高职教育人才培养水平良好标准为：“双师型”教师占到专业课教师总数的 60%，并提出到 2010 年，高职院校专业和专业基础课教师中的“双师型”教师的比例要达到 80%。高职教育要求以能力为中心设计课程体系和教学内容，要突出技能训练，各类实训教学环节的比重要达到 50% 以上，要求学生毕业后便能顶岗工作，适应期很短或不需要适应期。显然，要达到这样的培养目标，没有一支“能讲会做”实践能力强的教师队伍是行不通的。

英国工程教育专家齐斯霍姆说，只有由具有外科医生资格的教师，在外科手术室里才能培养出真正的外科医生。同样，培养生产一线的高素质技术技能人才，也只有由具有生产一线实践经验和技能的教师，在一个充满活力的工业环境中才能培养出真正的高素质技术技能人才。

我国教育主管部门在高职高专教育教学工作合格学校评价体系中，对“双师”提出了三条标准：一是具有两年以上基层生产、建设、服务、管理第一线本专业实际工作经历，能指导本专业实践教学，具有中级（或以上）教师职称，即岗位工作经验 + 教师职称；二是既有讲师（或以上）教师职称，又有本专业实际工作的中级（或以上）专业职

称，即双职称；三是主持（或主要参加）两项（及以上）应用性项目研究，研究成果已被社会企事业单位实际应用，具有良好的经济和社会效益。具备以上三条之一即可认定为双师教师。学术界从教师的全面职业素质、科学研究与课程开发建设能力、引导学生成长成才、证书资格等方面提出了“一全”、“二师”、“三能”、“四证”标准。

然而调查显示，高职院校66.6%的教师被人们称为“三门”教师，即从家门到大学门又到高职院校门，从教之路大多是从学校到学校、从书本到书本，没有在企业工作的经验。一些教师尽管学历较高，但缺乏实践经验，动手能力较弱。高职院校存在着：①“双师型”教师结构严重不达标现象，再加上教育评估中的一些导向因素，高职院校在人才引进上向博士和硕士毕业生倾斜，强调高学历证书，而往往高学历毕业生欠缺实践的经历和时间，这一倾向将更加影响“双师型”结构的提高。在教师职称与专业职称的“双师型”难以实现的情况下，不得不退而求其次，从“双职称”到“双证书”再到“双素质”、“双来源”……②“双师型”教师自身实践能力不强，大多数专业教师难以称为真正意义上的“双师型”教师。在日常教学中，专业教师下企业的时间是有限的，与企业的工程师或技术专家相比，缺乏实践工作的体验，对应用技术的实效信息把握不够，在对企业生产中新技术、新材料、新工艺的及时运用和直接把握程度上，仍然逊色于长期在生产、实践第一线工作的专业技术人员，也缺乏对企业相关岗位实际能力要求的了解和对企业文化的理解和企业运营的管理经验。③学校缺少与企业的有效对接机制。在师资培养上，仍旧沿用普通教师的培养模式，缺乏职教教师本质要求，表现出严重的学科化倾向；在师资培训上，主体基本上是高等院校进修，很少有企业的参与；师资力量的提高，往往是通过引进博士和硕士毕业生来实现的也往往只强调其取得高校教师资格证书，而没有对其实践动手能力提出明确的要求，由此形成了高学历和

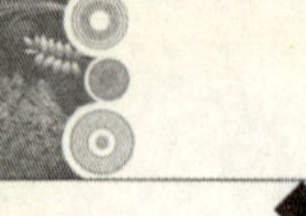

“双师型”不能有效融合的现象。④在资质的认定上，职业资格证书仍然没有摆脱“应试”的影子，尽管有些教师按照“双师型”要求的标准也取得了相应的职业资格证书，在教室讲台上讲起来头头是道、轻车熟路，但与实际要求相距甚远，动手能力欠缺。⑤由于资格认证制度的缺失和国家人事管理制度上的限制，企业一些有一技之长的却难以成为高职院校的“双师型”教师，而且，他们即便能够被引进学校，但在职业教育观念、教学方法等方面也存在着缺陷。其结果是，专业教师不能真正熟悉企业工艺流程，了解企业需求，既能动口又能动手的能力匮乏，企业专业技术人员对职业教育教学规律又把握不够，使得学校在师资建设中难以实现资源整体的优化配置。⑥“双师型”教师的评价和激励制度尚不健全。高职院校的“双师型”教师一直是按教师系列职称来享受福利待遇和确立级别标准的，他们所具备的技能与技术资格被视为空白。另外，教师是不是“双师型”教师，在待遇上也是没有任何区别的。这样的评价和激励制度也失去了成为“双师型”教师的动力与压力。

“双师型”教师队伍的建设是高职院校一个严峻的任务，“双师型”教师的培养需要在实践中培养，校内实习公司的一个重要目的就是要担负起培养“双师型”教师的任务。

（三）为社会、企业提供技术服务是校内实习公司最终目的

在高等教育史上，高等学校向来是以传播高深学问、从事纯学术研究而远离社会现实，被誉为“象牙塔”式教育的。但从整个高等教育历史发展的进程来看，高校正从以往清高自大、封闭的“象牙塔”中走出来，从社会边缘逐步走向社会中心，教学、科研、社会服务已成为高校的三大职能，我国高校也正从“等、靠、要”旧观念中走出来走向为社会服务。在新的世纪，高校为社会服务职能发挥的方式也发生着转

变，从实现国家教育目标、间接服务社会转变为直接为社会利益团体提供服务。校内实习公司就是连接高校与社会利益团体、实现直接为社会服务的重要纽带。

企业的生存离不开竞争优势的持续获得，而竞争优势历来不是盲目的、无方向的，它必须考虑到顾客的需求，并根据需求的动态变化整合自身的资源和能力，以便能及时、准确、合理地满足客户的需要。高校的生存与发展也是如此。高校服务社会利益团体也需要以“顾客”的需求为导向。不论是培养满足社会各行各业需要的创新型、技术技能人才，通过科研成果的转化促进社会生产力的发展，还是直接为社会服务、解决社会问题，都需要积极主动地以“他方”的动态需求为导向。而连接高校与社会利益团体重要纽带的校内实习公司，也是高校获得持续性竞争优势、满足“他方”需求的重要环节。

从高校管理效率的角度上讲，高等教育管理效率即管理过程中教育成果与教育资源消耗之比，具有两个方面的内容：一是指资源的配置问题，有限的资源应该进行优化配置，没有闲置和浪费；二是指资源的利用问题，资源应该得到有效使用，每一单位的投入必须得到最大限度的产出。高校本身越来越具有“准公共性”和“社会企业”的性质，这就要求高校管理在满足质量标准和社会适应性，提高管理效益的同时，也要提高高校的管理效率。只有这样，才能既促进高校“产出”与社会需求之间的契合（高校管理效益），又促进高校自身的健康发展（高校管理效率）。目前，我国正处于由“精英教育阶段”向“大众化教育阶段”转化的关键时期，但教育经费的投入水平还比较低，体现为“穷国办大教育”。因此，提高高等教育的管理效率也是一个需要解决的问题。高校实验、实训资源就是十分值得开发、利用的资源，而校内实习公司恰恰能够利用这一资源。

高校服务社会是新中国教育政策法规的一贯要求。新中国成立初期，我国就提出了教育必须同生产劳动相结合的教育方针。改革开放以后，高校的社会服务逐渐转移到促进经济、科技和社会发展方面，同时，对高校服务社会的重视通过党和国家的教育方针政策延续了下来。1985 年 5 月颁布的《中共中央关于教育体制的决定》，提出“教育必须为社会主义建设服务，社会主义必须依靠教育”的教育方针。1993 年，中共中央、国务院联合颁布的《中国教育改革和发展纲要》指出：“高等教育担负着培养高级专门人才、发展科学技术文化和促进现代化建设的重大任务”，“高等教育要适应加快改革开放和现代化建设的需要”，“高等学校科学技术工作要认真贯彻国家对科学技术工作的方针，坚持‘科学技术是第一生产力’的思想，坚持面向经济建设，坚持同教学相结合。要根据不同条件，大力开展技术开发、推广应用和咨询服务，兴办科技产业，使科技成果尽快转化为现实生产力”。1995 年颁布的《教育法》提出“教育必须为社会主义现代化建设服务，必须与生产劳动相结合，培养德、智、体等方面全面发展的社会主义事业的建设者和接班人”的教育方针。1998 年，《中华人民共和国高等教育法》指出：“高等教育的任务是培养具有创新精神和实践能力的高级专门人才，发展科学技术文化，促进社会主义现代化建设。”“高等学校应当以培养人才为中心，开展教学、科学研究和社会服务，保证教育教学质量达到国家规定的标准。”1999 年，《面向 21 世纪教育振兴行动计划》要求实施“高校高新技术产业化工程”，带动国家高新技术产业的发展，为培育经济新的增长点做贡献；强调“高等学校要在国家创新工程中充分发挥自身优势，努力推动知识创新和技术创新，加快技术开发，围绕经济建设中的共性关键技术开展科技攻关，为改造传统产业、调整产业结构、加强农业和农村工作、培育国家经济发展新的增长点服务”。2004 年，《2003—2007 年教育振兴行动计划》要求：“加强教育同科技与经济、同文化与社会的结合，为现代化建设提供更大的智力支持和知识贡

献。”教职成〔2011〕12号文提出：“高等职业教育必须准确把握定位和发展方向，自觉承担起服务经济发展方式转变和现代产业体系建设的责任，主动适应区域经济社会发展需要，培养满足数量充足、结构合理的高端技能型专门人才。”可见，党和国家的教育方针政策对高等学校的社会服务提出了明确的要求，同时也是高等学校顺利开展社会服务的重要条件。

高校的社会服务职能是通过人才培养（培训）服务、科技服务、信息服务、咨询服务以及物质资源服务等内容来实现的，而校内实习公司承担着社会服务的主要内容。

二、校内实习公司所预期的目标

（一）实现学生的直接上岗就业

一些学者提出的高职院校毕业生就业的“零距离上岗”，通俗地讲是指高职学生毕业时所具备的职业能力，特别是专业实践技能，基本上能在其所学专业面向的主要职业岗位不需要再进行岗前培训，就可直接上岗。随着国家劳动就业准入制度的推行及职业教育就业市场供大于求的现状，用人单位迫切要求降低用人前期的培养成本，即希望录用可达到直接上岗要求的人才。可见，这种对直接上岗的人才素质要求，既是高职院校贴近社会需要办学的一种指导思想和办学理念，也应当成为高职教育适应社会发展对人才培养的一种模式。其所要求的：

一是针对性。教学所面向的岗位主要职业技能，是人才培养过程中需要首先确定的能力培养目标，即在整个教学过程中，针对教学所面向的岗位实践能力来培养学生。

二是操作性。高职教育比普通高等教育更倾向于培养学生的职业能力，使之更适应实际工作岗位的技术操作，操作性是技术技能人才的主要特征。因而，高职院校学生需具备就业上岗所必需的实践能力要求的

操作技能。

三是实践性。以就业为导向的职业教育理念的核心就是重视学生实践活动，强化实践教学各个环节对学生实践能力的培养。

四是主体性。实践教学需要是以学生为主体的、体现在学生对实践教学的主动参与和主动获得基础上的、学生职业素质和职业技能的形成与发展的主体实践活动。脱离了学生主体的教师课堂演示、培训等，学生能力的真正获得是难以实现的。

五是全面性。学生直接上岗的能力所重视的不仅仅是操作技能的获得，而是要在学生的实践中，实现求知、获得技能、感受氛围、学会交往沟通和协作、启迪智慧、历练品格等全方位素质提升。

显然，高职院校学生直接上岗实现的保障，就是深入实践，而真刀真枪实践的校内实习公司，则是实现毕业生直接就业的有效承载者。

（二）实现学生职业素质的全面提升

1. 从两种类型的教育关系中，审视学生职业素质的全面提升

从人的发展角度，亚里士多德将教育分为两类，其中一类是“自由教育”即非就业教育。“自由教育”最初是指专门面向自由人的，只有自由人（奴隶主、贵族）才能享有的教育，又称自由人的教育。这种教育是“以受教育者具有闲暇为前提，目的在于探索高深的纯理论知识”的。亚里士多德的自由教育是完全摆脱功利和实用的，完全按照受教育者的兴趣、潜质，不受任何因素左右的教育，从而获得智慧、道德和身体的和谐发展，实现“自由人的价值”。而“学为干禄”的功利教育，则必然妨害对纯理论的钻研。从事各种行业的实际操作是奴隶们的事务，这种劳作有损于智力的发展。在亚里士多德看来，自由教育与就业教育是截然不同的。亚里士多德的“自由教育”思想，来源于他对人性的认识和倡导人性的解放。亚里士多德认为，理性是人的灵魂的高级部分，人之所以成为人的最本质特征就在于人具有理性，人只有充分

运用和发展理性，才能获得身心的自由发展。所以，自由人的教育应当以充分发展人的理性为根本目的。为了发展理性，自由人必须学习不具有任何功利目的的学科。亚里士多德的学生柏拉图在《理想国》中对初、中等教育的科目内容进行了细化，并认为这些科目的学习是为了发掘和训练思维。近代的赫胥黎在1868年的《论自由教育》中把自由教育演化为文、理兼备的普通教育，在我国叫作“通才教育”或“文雅教育”。后来演变为今天的“通识教育”，也是素质教育的渊源滥觞。马克思在资本论中提出了“每个人的全面而自由的发展”的观点，并在《共产党宣言》明确了“每个人的自由发展”是人类社会的理想，党的十六大也鲜明地提出了“以人为本”作为开展各方面工作的指导思想。在教育领域贯彻“以人为本”指导思想，就是要使学校的一切工作以人才培养为本，一切为了人的发展、人的全面发展、人的可持续发展。落实“以人为本”，就是要全面贯彻党的教育方针，实施素质教育，实现学生素质的全面提升。

不难看出，亚里士多德主张的教育，是真空中的、脱离现实的，并且对职业教育存在着偏见。但是从另一个角度来审视，显然，无论是古代还是现代，从人类发展的终极意义上讲，都把人的素质的提升作为教育的高级追求，这是人类深层次的、原本的渴望和追求。单纯以谋生的、功利性的教育只是人类发展过程中的手段和无法摆脱的现实。因而，即便是职业教育，也需要兼顾人的本性，寻求实现自由教育与职业教育尽可能完美融合的途径，在职业教育中最大限度地提升人的整体素质。校内实习公司作为现代教育的一种新途径，也必然要在培养学生的从业技术技能的同时，把人的素质的提升作为重要目的之一，即培养高素质的技术技能人才。

2. 从两种目的的教育关系中，审视学生职业素质的全面提升

从教育的目的来看，教育既有长远的终极目的，也存在着现实直接

的目的。人作为“类”既需要终极目的也需要直接目的，只是在不同的历史阶段、不同的个体人身上存在着侧重而已。教育在不同的社会历史阶段都有着不同的教育目标，每个阶段也都与当时的经济发展息息相关。这是马克思主义的历史唯物主义观。以操作为主的职业教育是解决生存、发展的教育，具有目的的直接性和现实性。就现阶段而言，职业教育是必需的，人人都必须从事一种职业。就职业教育本身而言，黄炎培先生曾经说过，职业教育是“使无业者有业，有业者乐业”、“为己谋生，为群服务”。对于现阶段大多数人来讲，还无法完全实现自由教育和人的自由全面发展，从业者必须掌握从业技能，接受职业教育。

长远的终极意义的目的，在马克思那里与现实的直接目的是不矛盾的，终极意义的素质提高，离不开实践活动。虽然今天的素质教育和亚里士多德的自由教育，在人类发展的终极意义上有着很大的相似性，但今天的素质教育的内涵已远远不同于亚里士多德的自由教育。今天的素质教育不但是人人平等的教育，更重要的是通过实践才能获得和提升素质的素质教育。素质包括操作技能，并通过实践操作来得以提升，这一点已在本章第二节述及。亚里士多德割裂了素质与实践的关系，而马克思则将实践活动和理论知识的研究连接起来思考素质的提升，人的素质将随着实践的不断深入和理论的不断升华，在循环往复中得到提高。因而，校内实习公司不但要学生通过这种实践形式获得能够直接上岗就业的目的，而且要通过这种工与学的交替、实践与知识学习循环、教学做的合一中，来实现整体素质的提升。

这种素质的提升，在内容上包括了能操作、会操作的动手能力，能熟练操作、技艺娴熟的眼、手、脑的协调能力，学会获得、学会探究的学习能力，学会钻研、学会革新的创新能力，等等。这种素质提升是通过实践在工与学的交替中实现的，通过想象—操作—启发（包括反思、请教、交流、争论、形成新的想象）—操作……循环往复中，不断提升

自己动手能力、思维判断能力、搜集整理信息的能力、交流能力、协作能力等综合素质。这种素质的提升的教育，在途径上是“授之以渔”而非“授之以鱼”的教育。这种途径的效果，是实现毕业生直接就业、掌握职业技能，同时兼顾人的整体素质提高的途径。

（三）造就一批“双师素质”的高职教师

由于历史的原因，我国目前高职院校的教师基本上是在学科型人才培养模式下造就出来的，大多是从校门到校门，缺乏企业的经历，没有实际操作的经验，常被人称作“黑板上开机器，教室里搞营销”。而目前教师脱产进入企业挂职锻炼，也有着诸多困难，不仅受到教学任务繁重的约束，脱产难以实现，而且企业鉴于商业秘密保护的原因，教师也难以融入企业核心之中。在以往校外实习中，带队老师中也常常是个协调者的角色，只是个类似于体育竞赛中的“团长”而非教练。实习中的任务安排和指导，一般是由企业内部的师傅负责。而校内实习公司使得教师具备“双师素质”成为可能。“双师素质”教师应包括哪些素质，有人概括为“三性”，即“专业性”、“技能性”、“示范性”，也就是懂业务，能操作，会示范。我们认为，教师应当成为操作上的技术骨干、管理上的行家能手、示范的楷模、开发与创新的领军者。

1. 操作上的技术骨干

操作能力是指履行生产岗位职责的实践能力，是任职顶岗所必需的实用性职业技能、专业技术和技术应用能力，包括熟悉技术工作的内容要求和操作流程，掌握职业技术规范、熟练运用职业岗位主要工具（手工工具和仪器仪表）的能力，基本的实验能力和设计能力，以及排除故障、维修设备的能力等。

常言讲：“给学生一碗水，需要准备一桶水”，“打铁首先自身硬”，高职教育要实现高素质技术技能人才的培养目标，首先教师自身应熟悉相关职业领域内的生产一线或工作现场，掌握相关职业领域内的成熟技

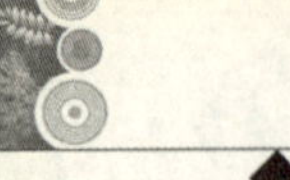

术，有丰富的实践经验和处理现场复杂问题的能力，并具备相关的操作技能，是技术上的骨干。具备操作能力是对高职院校教师的基本要求，也是高职院校教师区别于普通高校教师的根本特征。因为高职教育培养的是高素质技术技能人才，与普通高等教育人才培养目标定位有所不同，后者为学术研究型或工程型人才，偏重于理论思维能力或工程设计能力，而前者是操作型或技术技能人才，偏重于职业技能、操作经验和专业技术的应用能力。因此，具备较强的专业技术应用能力、职业技能和实践经验是对高职院校教师最基本的要求。

2. 管理上的行家能手

管理者角色是以全方位的视野来把握全局和流程，着重以流畅的运作方式来达到目标的。管理哲学强调除了充分利用有限资源外，尚需具备计划、组织、领导、协调、控制及创新等六个基本要素。校内实习公司，不单单是个教学实习的问题，除编制实习小组、组织实习、建立实习规范、建立实习职责、建立各环节的动态监控，避免各个方面、各个环节出现的缺陷、疏漏和安全问题等之外，更重要的是校内实习公司还是个面向市场的生产经营实体，需要具备企业所必备的管理制度、组织运行、市场的拓展、生产的规划、财务的管理等，提高公司的效率和效益。

3. 演示、指导、示范的楷模

校内实习公司中教师的身份，既是师傅，又是教师，还是管理者，是三者合一的身份。在生产经营过程中，既是某种现实问题的理论传授、解惑的教师，又是现场操作的指导、示范的师傅，还是生产经营的组织者。

在实习的过程中，参与实习的学生面对真实的生产任务必然会发现新问题、产生新疑惑，需要实习教师为其答疑解惑，排除阻碍。对于大部分学生都出现问题的操作部分，实习教师还需要及时进行操作示范，

并在示范的过程中讲解操作要领，让学生对自己的实习岗位工作有直观的感受和了解。随着社会经济的发展，职业岗位（群）的新旧更迭和流动变化很大，一些智能型职业岗位（如激光束焊工、CAD 设计员、投资经纪人等）、复合型职业岗位（光机电一体化、电子商务等）相继产生，高职教育的教师还必须能敏感地把握这种职业岗位（群）的需求变化和技术内涵，确立与职业需求对接的办学方向，掌握新领域的要领，能够示范、指导学生操作，并能根据市场调查、市场分析、行业分析、职业及职业岗位群分析，调整和改进培养目标、教学内容、教学方法，进行专业开发和改造。

4. 开发、创新的领军者

研发、创新是企业的生命力所在，也是高职院校的一项重要职能。校内实习公司生命力重要的一个因素，就是吸纳学校的研发能力之长和企业的生产性之长。高职教师如果仅仅停留在具体操作能力和实践能力的层面，是远远不够的。高职教师的“高”字很大程度上也是体现在其科研能力上。

（四）解决实践教学中的资金来源问题

1. 基本目标

校内实习公司是真实性的生产经营实体；校内实习公司是面向社会服务，所产出的“产品”具有使用价值，进入市场流通，具有一定效益的公司；校内实习公司是参与市场竞争，具有可持续发展的公司。它不同于纯消耗性不产生使用价值的实验、仿真模拟，也不同于虽然产生具有实用价值但废品率较高、重复性操作的实训。实习公司通过产出有形或无形的产品，向社会提供服务，换取劳动所得，能够降低学校实践教学的资金投入，使得学校有限的资金能够继续维系学生在真实环境下的实习，是校内实习公司的基本目标。

2. 理想目标

企业的技术力量、设备、渠道，学校的研发、特定的人力资源优

势、场所和设备，以及校内企业的政府政策等条件，校内实习公司参与市场竞争，做大做强，做出品牌，也是完全有可能的。现实中，广东外语外贸大学的“云山”商标，已经产生了品牌效应；广西农业职业技术学院的绿悦食品有限责任公司，其生产的绿悦三明治系列面包在南宁市占有60%以上的市场份额，绿兴种猪有限责任公司每年向社会提供种猪和商品猪1万多头，绿丰种业有限责任公司每年向社会提供玉米和水稻优良种子200多万公斤；广东农工商职业技术学院的广州秀扬贸易公司，开业第一年的营业额达到500万，第二年达到800万。这说明校内企业是能够不断发展和壮大的。从市场竞争的角度讲，企业总是处于竞争和不断向前的过程之中，停止就等于倒退。做大做强既是企业发展过程中潮流的推动，也应该是高职院校实践教学的殷切希望。因而，做大做强，是校内实习公司的理想目标。

（五）为社会提供所需要的服务

社会主义祖国的高楼大厦，是靠全国人民一砖一瓦齐心合力构建起来的。大学生在校期间，通过校内实习公司的实习，产出有形或无形的产品，为社会提供咨询服务、技术维修、有形的具有实用价值的产品，等等，既是提高生产力的体现，也是学校的服务职能发挥的体现。

三、层级结构与功能效用

毕业生的直接上岗就业、学生职业素质的全面提升，以及培养“双师素质”教师和实践教学的可持续发展等目标的实现，是能够通过校内实习公司的功能来实现的。

（一）层级结构

目前校内实习公司和校内生产性实训基地正处于探索阶段。各院校在机构设置上千差万别。但是，一般来讲都有自己的管理机构。有的由学校直接管理，有的由院（系）管理，有的由职能部门管理，有的划

分着更为细致的层级。

1. 学校校企合作管理委员会

有的学校，特别是刚刚探索成立校内实习公司的学校，往往特别关注实习公司每一个细节，甚至参与管理，成立管理委员会等类似的机构，专门指导校内实习公司的建设和运转。在其中，学校以法人主体的身份与企业签订合同，而具体工作由职能部门或院（系）负责，如在委员会下设产学研办公室、院（系）领导小组等。

2. 院（系）实习领导小组

在学校领导委员会的领导下，各院（系）成立实习领导小组，主要是从安排实习技术层面与企业共同落实实习问题。有的学校的校内实习公司，本身就挂靠在院（系）之下。如东莞职业技术学院的实习超市，运行由管理系负责，营业执照在后勤服务中心，归服务中心管辖。

3. 职能部门

由于具有营业执照的申办涉及申领资格的问题，具有营业执照的公司常常由学校安排具备申办资格的部门负责。

（二）功能效用

生产性实习，是高职院校教学体系的重要内容，也是突出办学特色、提升人才培养质量的关键所在。校内实习公司是高职院校实践教学的重要基地之一。其功能定位，则是这一培养模式的逻辑起点又是终极目标，具有整个教学设计的导向作用，需要科学合理地确定校内实习公司应具备的功能范围，围绕功能目标进行合理规划和实施教学。因此，研究并明晰校内实习公司的功能定位，探索校内实习公司的功能以及实现的途径，是进一步深化高职教育内涵建设的需要。从国家的政策导向和高职院校的属性与任务出发，可将校内实习公司的功能分为两大类，即基本功能和扩展功能。

1. 校内实习公司的基本功能

（1）实践教学功能。高职院校主要是通过提供合格人才服务于社会发展的。实践教学的主要目的是培养学生的技术应用能力。因此，满足人才培养直接相关的实习、实训，应作为校内实习公司应具备的基本功能。主要包括：

一是要能按照课程教学标准的要求，能针对学生进行实践教学，具备在干中“教”的功能。这一点，是其他形式的校外实习基地在程度上是难以比拟的。

二是在生产经营现场的真实环境中，让学生自己动手操作，具备“练”的功能。要能提供全套完整的设备、技术和流程，让学生能够熟练操作该领域的设备、仪器、工具，熟悉工艺、流程，掌握基本能力和专业技术等。

三是在职业情操、团结协作、遵纪守法等非智力素质方面进行养成教育。本研究中广东农工商职业技术学院的实习公司“实践、创新、领先”的发展思路，“诚信团结，服务师生”的经营宗旨，“想尽办法去完成每一项任务”的行为理念，“服务永无止境”的服务理念，“信誉第一、质量第一、服务第一、顾客第一”的经营思想，“以制度管人，以制度管事”管理理念、“上下同欲，团结和谐，人人快乐工作”的团队理念，“清白做人，干净干事”的廉洁理念，“守法、诚信、公平、敬业、服务”的商业道德准则，“以德经商、以信立业、诚信为本”的经营意识和氛围等，都让学生吃苦耐劳和敬业精神、竞争意识、市场意识和服务意识，以及创新能力、表达能力、沟通能力、合作能力、反应能力、协调能力等方面，得到了磨炼。实习让当今大多为父母娇惯溺爱惯了的独生子女的抗挫能力也得到了磨炼。

（2）生产服务功能。校内实习公司承担着生产、加工、经营任务。公司面向社会寻求订单，承接生产加工或产品试制业务，并获得经济效益，变消耗性实验、实训为创造效益的生产经营活动，为社会创造价值，为企业创造财富，促进实训基地的可持续发展。这是校内实习公司

的生命所在，也是校内实习公司与校内其他普通实训基地的重要区别之一。

2. 校内实习公司的拓展功能

在保证校内实习公司基本功能实现的前提下，还应发挥如下拓展功能：

（1）职业资格认证功能。校内实习公司，除完成实践教学和生产经营所赋予的任务外，在技能训练上还应能满足学生考证的需要，应通过与相关行业、部门的合作，建立职业技能鉴定站点，实现对学生和社会从业人员的技能鉴定。

（2）推动教学内容改革的功能。校内实习公司是具有生产经营任务的机构，对于实践教学而言具有项目导向和任务驱动性。学生的实习、实训完全是结合公司的产品生产、经营来进行的。专业课程的教学也要依据公司生产经营的客观实际来确定教学内容、组织教学活动。校内实习公司起到了推动教学改革、调整教学内容的作用。这对于目前的教材以及教学内容存在的诸多弊端，具有重要意义。另外，这种模式还能够把校外的市场信息输入进来，传递、反馈到教学各个环节，从而使社会经济发展的大环境与学校办学的小环境联系在一起，使学校更易掌握经济发展趋势、产业结构调整和市场变化情况等信息资源，以便能及时调整、完善专业设置、课程体系等内容。

（3）示范辐射功能。在保证校内实习公司基本功能的前提下，实习公司还可以发挥其便于利用和获得最新颖的信息、最前沿的思想、最科学严谨的理论，以及设备、技术力量和研发优势，进行产品、技术开发和科学的经营管理，在行业中为其他企业起到示范、带动作用。

（4）转化研究成果的功能。高校教学、科研、社会服务的三大职能，校内实习公司应当在一定程度上担负科研成果转化为向社会服务的生产力的任务。类似于一些高校的“前店后厂”，校内实习公司还应当成为校内科研成果转前沿阵地和“中试”的最佳选择，实现“产学研”

紧密结合。

（5）“双师素质”教师的培养功能。

（6）助学功能。为学生提供勤工俭学的场所，特别是为学生提供在高层次的管理岗位、营销岗位、策划岗位锻炼的机会，能够促进学生可持续发展能力的提高，帮助解决贫困学生的经济困难。

第三章

高职院校校内实习公司实践教学的原则、方法与课程开发

如第一章所述，实践教学是为培养学生的职业素质和技能而有计划地组织其参加由职业人员（或精通者）指导的生产/服务性或实验性的活动过程。校内实习公司作为一种新的实践教学范式，必然有其内在的方法论和践行方法。从特征上看，校内实习公司的教学方法论和践行方法一方面要秉持实践教学的基本价值准则，另一方面又要准确反映其融教育与生产于一体的本质属性。这具体表现在校内实习公司开展实践教学时所应遵循的一系列原则、可利用的教学方法，以及在相关原则、方法的框架下开展的具体课程设计。

第一节 高职院校校内实习公司实践教学的原则

教学原则是有效进行教学所必须遵循的行为准则和基本要求。校内实习公司的实践教学原则，是在总结教学实践经验和规律的基础上，根据实践教学的目的和要求而提出的。它们是用来指导校内实习公司实践教学的行为准则。

一、教学原则与教学目标、教学规律及教学实践的关系辨析

（一）教学原则与教学目标的关系

一定的教学原则受一定的教学目标制约，为实现一定的教学目标服务。不同的历史时期，教育的性质不同，科学技术发展对教育的要求不同，教学的目标也具有不同的特点，与此相关联的，教学原则也具有一定的时代特点。例如：我国社会主义学校的教学原则，应该反映我国社会主义学校的培养目标要求，应当体现社会主义教学的思想性、方向性，教学联系社会主义建设实际等这样一些基本精神。我国高职院校的教学原则，应该反映我国技术技能人才培养目标的要求，应当体现职业技能培养的实用性、探究性、拓展性、迁移性等特点。

（二）教学原则与教学规律的关系

教学原则是依据教学客观规律制定的。由于人们对教学规律的理解上有差异，因而教学原则的制定（确立）在数量上、具体表述上也有差异。

教学规律是客观存在的、必然的。巴班斯基曾列举了 9 条教学规律，我国著名教育学者王道俊等在其主编的《教育学》中列举了教学过程中的几种必然联系，这些联系“也是教学过程规律性的体现”，即间接经验和直接经验的必然联系、掌握知识和发展智力的必然联系、掌握知识和提高思想的必然联系、智力活动和非智力活动的必然联系、教师主导作用和学生主动性的必然联系。

对于教学规律，人们可以认识它、利用它，但不能创造它、消灭它。教学原则就是基于对教学规律的认识提出的，是体现规律要求的。按教学规律办事，就要求在日常教学工作中遵循这些原则。

教学规律具有普遍性，因而，反映教学规律的教学原则具有普遍指

导意义。它不仅指导着直接教学过程，也指导着直接教学过程之外的各项教学工作，如课程计划、教学大纲的制定、教科书的编写。作为一般性的教学原理，教学原则对各学科的教学活动均有指导意义。

（三）教学原则与教学实践的关系

教学原则是教学实践经验的总结，它来源于实践又高于实践。教学原则是教育家或教育理论家提出的，是总结自己或他人的教学实践而做出的理论概括。在教学实践中，人们观察到各种教学活动，有成功的，有失败的。这些现象不断重复出现，在人们头脑中产生了认识上的飞跃，概括出指导教学工作的一般原理，形成了教学原则。

随着教育科学、教育实验研究的发展，教学原则不再限于对日常教学工作经验的总结，而是通过实验研究的实践，更加自觉地概括出教学原则。如赞科夫在他的《教学与发展》一书中所说：“我们的教学论原则是在实验研究的过程中形成的”，“当实验室接近实验的第三阶段时，作为多样化的统一体的教学论原则，已经具有了在以后的研究阶段中起作用的那种形式”。这就是赞科夫在实验中总结的几条教学论原则。

关于教学原则的制定依据，现代教学论专家斯卡特金做了如下概括：“确定教学原则的重要因素是：①由社会发展的需要所决定的教学目的；②作为教与学相互结合的教学活动的客观规律；③运用这种客观规律去实现教学目的的方式；④进行教学活动的具体条件。”

二、对我国职业教育实践教学原则的简要回顾

对职业教育教学来说，最终目标是个体在工作任务中需要达到的目标，它代表了技术工人角色或近似技术工人的角色，强调在设计的工作环境中一个学生应有的表现。根据上述这种职业教育“技能养成”的教学目标，学者邓泽民等从职业技能教学的角度，提出过程导向行动教学、情境导向行动教学、效果导向实践教学三大职业教育教学原则，并

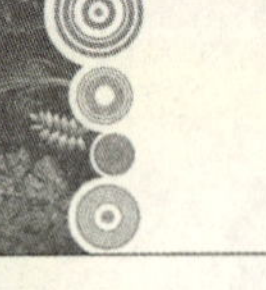

据此提出应用于不同专业实践的三种行动教学程序，取得了满意的效果。

我国老一辈实业教育家（如黄炎培、陶行知、陈鹤琴等）的教育思想与教学实践对我国职业教育的发展起到了重要的指导性作用，其职业教育思想中体现出的教育教学原则在今天仍具有前瞻性和现实意义。黄炎培是我国近现代著名的爱国主义者和民主主义教育家，是我国近代职业教育的创始人和理论家。黄炎培认为："在中国传统社会，将社会分为两层：一是号称士大夫，是死读书老不用手的；一是劳动者，是死用手老不读书的。要知道，世界文明的产生是人的手和脑两部分联合起来的。所以要使动手的读书，读书的动手，把读书和动手结合起来，这样才能矫正传统教育的缺陷。""职业教育的目的乃在养成实际的、有效的生产能力。欲达到此目的必须手脑并用。"为此，黄炎培提出了"手脑并用"、"做学合一"、"理论与实践并行"、"知识与技能并重"的职业教育教学原则。我国人民教育家、思想家，伟大的民主主义战士陶行知先后创办了晓庄学校、生活教育社、山海工学团、育才学校和社会大学，在上述教育教学实践的基础上，提出了"生活即教育"、"社会即学校"、"教学做合一"的三大职业教育教学原则，形成了完整的生活教育理论体系。

教学原则是依据教学客观规律制定的。根据《面向二十一世纪深化职业教育教学改革的原则意见》，职业教育要培养"同二十一世纪我国社会主义现代化建设要求相适应的，具备综合职业能力和全面素质的，直接在生产、服务、技术和管理第一线工作的应用型人才"，这一定位使得应用型人才成长规律成为职业教育教学客观规律的核心，职业教育实践教学原则要依据应用型人才成长规律制定。应用型人才成长规律突出表现为：技术技能的个性化特点是职业教育人才成长规律的核心要素；技术技能的岗位性特征使得职业教育人才的培养具有目标性、针对

性；技术技能的动态性和技术技能提升的渐进性，决定职业教育人才的成长是在生产、工作的实践过程中一步步完成的；技术技能人才成长与实际岗位的实践训练是直接并行的。针对上述应用型人才成长规律，职业教育实践教学原则可包括职业性原则、实践性原则、系统性原则、可接受性原则、直观性原则以及生产与教学相结合的原则。

此外，在对职业教育教学原则的探索中，学者马文祥认为应包括科学性与思想性相统一的原则、理论联系实际的原则、传授知识与发展智能相结合的原则、疏导的原则、教师的主导作用与学生自我教育相结合的原则、教育管理与激励尊重相结合的原则、循序渐进与速成相结合的原则、及时性与巩固性相结合的原则、基础性与熟练性相结合的原则、统一要求与因材施教相结合的原则等。[①] 高职教育是“职业教育”范畴中处于高层次的那一部分，上述对职业教育教学原则的探索，对构建高职院校校内实习公司教学原则具有重要的借鉴意义。

三、高职院校校内实习公司实践教学原则确立的依据

高职院校校内实习公司实践教学原则的确立，既要根据高职教育实践教学目标、教学客观规律，并在总结校内实习公司教学实践经验的基础上进行，又要与高职院校校内实习公司建设的基本原则相匹配。

（一）高职院校校内实习公司建设的基本原则

高职院校校内实习公司是在对原有校内生产性实训基地规模化发展、市场化经营、企业化运作、创新性构建等方面不足进行反思基础上提出的。校内实习公司建设的基本原则是以有效实现校内生产性实训基地规模化、市场化、企业化、创新性为前提的，具体包括：

1. 真实性原则

培养符合社会需要的技术技能人才，就要尽可能贴近生产、技术、

① 马文祥．关于职业教育教学原则的思考．农金纵横，1997（3）．

管理、服务第一线。真实性原则要求，校内实习公司的设备与企业的设备一致，实习的过程与生产（经营）过程一致，所面对的市场环境与企业一致。凭借真实的职业环境，营造或体现真实的职业环境与职业氛围，从设备、技术、企业文化、管理模式、管理水准、竞争环境以及要求标准化、质量安全等，都必须具有企业的真实氛围，实现“公司建设企业化”、“实践教学生产化”，把校内实习公司设计成真正的生产型教学场所，让学生在一个真实的职业环境下，按照未来专业岗位的基本技术、技能的要求，感觉到是以一个准员工的身份在工作和学习，让学生在真实的工作过程中，得到实际操作训练，获得职业经验，提高职业技能综合素质。

2. 生产（经营）性原则

校内实习公司由学校进行教学管理与生产组织，教学与生产同步进行。实习内容以企业生产任务为中心，学生在真实的生产环境、企业文化和职业体验中，按照真实的生产要求生产真实的产品，按照企业员工的标准对学生进行多维度的考核，从而有利于培养学生较强的职业技能、职业素质、劳动意识、质量意识、责任意识，使学生有更明确的职业目标和更强的职业发展动力，有利于实现培养具有良好职业素养的高素质技术技能人才的目标。

3. 共享性原则

所谓共享，是指对现有资源进行全面科学的分析，使其优化组合，达到合理配置。校内实习公司的建设之所以要具有共享性，是由其基本功能决定的。校内实习公司具有教学、科研、开发、生产和培训等多种功能，贯彻产学研结合的原则，按照效率优先的原则进行监督和检查，提高设备投入的综合效益。使用者不同，发挥的功能就有可能不同，但是所需的软硬件设施等资源可能是相同的，因此，在建设校内实习公司时，要从整合资源、综合利用的角度出发，尽量按照产业群、专业群集

中布局和建设，不一定要与校内所有专业都一一对应。这样一方面能够避免设备的分散重复购置，使资源共享，提高投资效益；另一方面可以保障设施配备齐全，达到相当的规模，有效提高校内实习公司对促进技术交叉和提高研发生产的综合能力。校内实习公司的共享性是目前基地建设中普遍重视的问题，要尽可能做到与其他专业、院校、企业实现资源共享。

4. 学校主导与学生主体原则

校内实习公司与校外实训基地的区别是，学校可以控制校内实习公司的教学资源，由学校主导着实践教学的组织和管理，使实践教学有较强的计划性，能够有目的、有计划、有组织地进行自主安排，受其他客观因素影响较小。公司的运作和内部的操作，是在教师/师傅的指导下，由学生亲自进行的操作，与教师的演示、示范、学生的模拟都不同。学生作为操作的主体，这是这种模式不可或缺的方面。

5. 创新性原则

校内实习公司在建设之前应进行相对有效的创意性与可行性论证。要通过对区域经济发展和行业发展方向的预测，抓住现有行业领域中最亟待解决的问题，或填补行业在某一领域中的空白，有针对性地构建校内实习公司；要施行“敢为天下先”的发展战略，尤其是抓住企业产业结构调整、转型、产品升级换代等机遇期，抢占行业技术制高点，为校内实习公司生存创造良好的社会环境；最后，把培训与实训基地建设结合在一起，社会培训依托实训基地建设，实训基地为社会培训服务，并与培训的内容共同发展。

（二）高职院校实践教学的基本要求

如本书第一章所述，高职院校高素质技术技能人才培养这一主要任务，客观上决定了高职院校的人才培养工作必须突出实践教学环节，把实践教学置于人才培养过程中的主要位置和中心环节。对一个完整的实

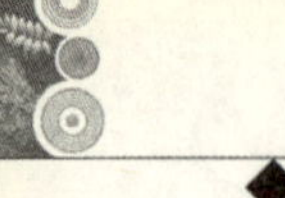

践教学系统而言，应包括教学任务或内容、课程形式、时间、场地、条件保障、监控与效果评估等维度，如何发挥这些实践教学要素的功能，并将其有效地结合在一起，成为对高职院校开展实践教学的基本要求。

四、高职院校校内实习公司实践教学的原则

在对高职院校校内实习公司建设的基本原则、高职院校实践教学的基本要求进行分析的基础上，我们提出了以下高职院校校内实习公司实践教学的原则。

（一）面向生产实际的原则

实践教学的实用性是高职教育的根本特征，实践教学的条件保障要求是高职院校开展实践教学一大瓶颈问题。而高职院校校内实习公司建设的生产（经营）性原则为解决该问题提供了一条路径。高职院校校内实习公司实践教学突出面向生产实际的原则，可以使校内实习公司中的实践教学做到“真题真做”，使毕业生做到“即插即用”，尽可能缩短走向工作岗位后的适应期。

（二）符合学生技能心理的原则

实践教学的内容维度要求培养学生职业技能和职业综合素质，包括职业认知与技能、职业态度、职业情感、职业承诺与创业精神等，这些职业综合素质归根结底取决于学生技能心理的成熟。高职院校校内实习公司构建的学生主体原则将实践教学的一部分主动权交给学生，让学生在与公司事务的接触中，实现自身的协调发展和职业素质提升。高职院校校内实习公司实践教学突出符合学生技能心理的原则，使学生在实践教学中形成感觉技能、运动技能、心智技能等一系列相关技能。

（三）理论教学服务于实践教学的原则

在高职教育教学体系中，理论教学应当围绕实践教学展开。实践教学体系是整个教学体系的核心，在总的学时数不变的前提下，理论教学

时数与实践教学时数比例应是1：1，或者实践教学占总学时数的40%左右。根据多年的实践经验，这个比例揭示了实践教学体系与理论教学体系的关系。如果实践教学太多，会削弱学生对基础知识的学习，导致后劲不足，如果实践教学太少，则影响学生的动手能力训练，导致学生的岗位针对性较差。高职院校校内实习公司实践教学突出理论教学服务于实践教学的原则，就是要体现校内实习公司这种“融理论传授于实践操作”的独特教学方式，力争使围绕校内实习公司开展的理论教学内容“精炼够用”，理论教学效果“潜移默化”。

（四）各个要素整体优化的原则

实践教学体系的各要素要合理搭配、统筹兼顾，达到最优化的效果。体系是处在一定的相互联系之中，与环境发生关系的各个组成部分的整体。实践教学体系是一个完整的有机联系的系统，需要每个环节都不断提升，从而为学生的发展创造良好的育人环境。设备、管理、师资、教学方法、教材、评价等要协调发展、齐头并进，做到教与学的互动，师生关系融洽。高职院校校内实习公司实践教学突出各要素整体优化的原则，就是要从教师、教材、教法等各方面进行同步的改革，从而实现围绕校内实习公司开展实践教学要素的协同创新。

第二节　高职院校校内实习公司实践教学的方法

校内实习公司在开展实践教学的过程中有着自己行之有效的一系列具体方法。了解和掌握这些实践教学方法，有利于围绕校内实习公司开展相关课程的设计，提高实践教学的有效性。

一、教学方法、教学方式与教学方法组合关系辨析

与教学方法相关的有教学方式和教学方法组合。其中，教学方式是构成教学方法的细节，是教师和学生进行的个别智力活动或操作活动；教学方法组合是指在一定教学思想指导下，在长期的实践过程中形成的具有稳定特点的教学活动的模式。教学方法、教学方式及教学方法组合之间的区别在于，教学方法是一连串的有目的活动，它能独立完成某项教学任务，而教学方式只被运用于方法，并为教学方法所要完成的教学任务服务，它本身不能独立完成一项教学任务。

关于教学方法，在中小学常用的教学方法有讲授法、谈话法、读书指导法、练习法、演示法、实验法、实习作业法、讨论法、研究法等。由于高职教育教学对象、教学目标、教学情境等的不同，所采用的教学方法与中小学相比有很大的差异。

二、高职院校实践教学的方法回顾

在第一章就高职院校实践教学的结构与功能，我们曾从多维度、多视角进行过分析，这里就我国高职院校实践教学方法再做简要回顾，清晰其各自内涵。目前，高职院校实践教学较常用的方法有：

（一）实验

实验一般是指学生在教师指导下，利用一定的器材和设备，在一定的条件控制下，引起实验现象或过程的变化，从观察、测定和分析这些变化而获得直接知识和实验技能，进而促使理论与实践相结合的一种实践教学形式。实验是学生获得感性经验的重要途径，是形成、发展、检验理论知识的实践基础，在高职院校的基础课和专业课中运用比较多。其目的不仅在于验证书本知识，更着重于培养学生正确使用仪器设备，进行测试、调整、数据处理、分析、综合和设计实验方案、编写实验报

告等能力，同时促进学生的智力发展和认真、细致、耐心、求实等良好性格特征的养成。由于高职教育对理论知识的要求以“必需”、“够用”为度，因此，实验在实践教学中所占的比重相对较轻，且应减少演示性、验证性实验，增加工艺性、设计性、综合性实验。

（二）实习

实习是为了了解某种技术或了解某种工作方法而进行的实际演练活动，主要是学生在校内外教师和师傅的指导下，在校内实习场所或校外生产、服务现场从事模拟或实际的工作，以获得有关的知识和技能，养成独立工作能力和职业心理品质。实习在高职教育实践教学中占有一定的比例，一般包括认识实习、专业实习和顶岗实习。认识实习一般安排在低年级，通过到生产（工作）现场参观等活动进行，使学生对未来职业环境和学习内容有所了解，以获得感性认识，增进理论与实际的联系。专业实习是学生在一定专业知识基础上，到生产现场参加实际工作，以巩固加深专业知识，学习专业技术。顶岗实习是学生毕业前对知识、技能进行全面检查的综合实际锻炼阶段，旨在培养学生独立地综合运用专业知识和操作技能，解决生产技术问题和组织生产的能力。教育部教高〔2009〕3 号文《教育部关于加快高等职业教育改革促进高职院校毕业生就业的通知》中强调，高职院校要强化学生毕业前顶岗实习，切实落实高职学生顶岗实习半年的要求，与合作企业一起加强针对岗位任职需要的技能培训，大力提升毕业生的技能操作水平，提高就业能力。

（三）实训

实训是指职业技能实际训练，即为了熟练掌握某种技能而在真实或仿真的环境中进行反复训练的活动。技能是个体运用已有的知识经验，通过练习而形成的动作方式或智力活动方式。技能分为操作技能和心智技能，心智技能包括观察、注意、记忆、想象、思维等要素。技能也可分为再生性技能和创造性技能。再生性技能的特征是在技能活动中具有重复性，在各种情况中运用时变化较小，如打字、钻孔、车平面等。创造性技能的特征是在技能活动中，要制订一定计划，并运用某种理论或策略，在执行任务时表现出相当的灵活性和变通性，如艺术创作、工艺流程设计等。在工作实践中，人们所需运用的技能往往是一个连续的统一体，可能部分是智力技能，部分是动作技能；部分是再生性技能，部分是创造性技能。实训主要包括对学生进行单项能力和综合技能的训练，也包括职业岗位实践训练，其目的是使学生熟练掌握职业技能，并培养学生的职业素质。实训在实践教学中占有很大比重，是实践教学的主要形式。

（四）课程设计

课程设计是指学生在教师指导下运用一门（或几门）课程的知识与技能，解决具有一定综合性问题的实践教学形式。每门课程设计的完成要求至少有一项成果输出（可以是一项制作、一个设计、一件作品或产品、一项服务或一个策划等）。课程设计是综合运用知识、技术、技能解决实际问题的教学活动，主要培养学生获取知识与信息的能力，独立运用理论知识解决问题的能力，用通顺的文字、图表准确系统地表达成果的能力。

（五）毕业设计（论文）

毕业设计（论文）是指学生综合运用本专业知识、技能和技术，有一定创见地做出解决实际问题的设计（论文）的实践教学形式。这种实践教学方法可以培养学生搜集并汇总各种资料的能力；培养学生综合运用所学知识，通过调查论证，计算、绘图、撰写报告等能力；也是对学生综合职业能力、相关职业素养及创新能力的综合检验。

三、高职院校校内实习公司实践教学的方法

高职院校校内实习公司实践教学的根本目的是培养学生的职业素质与技能，因此，高职院校校内实习公司实践教学的方法，也可以转化为高职院校校内实习公司培养学生职业素质与技能的方式，这包括任务驱动、岗位导向、工学交替、订单培养。

（一）任务驱动

任务驱动又称项目驱动，是一种建立在建构主义学习理论基础上的教学法，它将以往以传授知识为主的传统教学理念，转变为以解决问题、完成任务为主的多维互动式的教学理念；将再现式教学转变为探究式学习，使学生处于积极的学习状态，每一位学生都能根据自己对当前问题的理解，运用共有的知识和自己特有的经验提出方案、解决问题。

“任务驱动”是当前我国高职院校实践教学的主要模式。虽然我国高职院校对任务驱动教学法的重要性有充分的认识，但在实践层面还存在不少问题。学者潘春胜就指出，虽然我国不少高职院校尝试学习德国先进的教育理念，采用以行动为导向的“任务驱动教学法”组织教学，但这过程中存在着诸多问题。如“师资素质不能完全满足项目教学的要求、教师对项目教学的理解有偏差、课程改革与生产实践结合不够紧密、配套教学资源不能满足项目教学需要、学生对项目教学不适应等等”①。

任务驱动教学主要由内容、活动、情境和结果四大要素构成。如果我们能创设一个平台，将平台的运行与任务驱动教学四大要素有机地结合在一起，就能满足高职院校实践教学的基本要求。这个平台就是校内实习公司。

---

① 潘春胜．职业教育“项目教学热”的理性思考．中国高教研究，2011（5）．

从内容上看，项目教学是以真实的工作世界为基础挖掘课程资源，其主要内容来自于真实的工作情境中的典型的职业工作任务，而不是在学科知识的逻辑中建构课程内容。内容应该与企业实际生产过程或现实商业活动有直接的关系（如购材料、具体加工材料），学生有独立进行计划工作的机会，在一定时间范围内可以自行组织、安排自己的学习行为，有利于培养创造能力；从活动上看，项目教学活动主要指学生采取一定的劳动工具和工作方法解决所面临的工作任务所采取的探究行动。在项目教学中，学生不是在教室里被动地接受教师传递的知识，而是着重于实践，在完成任务的过程中获得知识、技能和态度；从情境上看，情境是指支持学生进行探究学习的环境，这种环境可以是真实的工作环境，也可以是借助信息技术条件所形成的工作环境的再现。情境可以促进学生之间的合作，也有利于学生掌握技术实践知识、工作过程知识。情境为学生职业能力的获得提供了一种理想的环境，并能拓展学生的能力，为他们走向工作岗位做好准备；从结果上看，强调在学习过程中和学习结束时，学生通过探究行动所学会的职业知识、职业技能和职业态度等，如技术实践知识、合作能力、创新能力等。从上述对内容、活动、情境和结果的描述中，我们不难发现，依托校内实习公司的运营可以提供任务驱动教学所需的内容与情境，开展任务驱动教学所需的活动，实现任务驱动教学所需的结果。

（二）岗位导向

岗位导向是指“将产品的生产、业务的开展等某一特定职业岗位的综合操作活动，交由学生来完成，使学生具备某一岗位完整工作过程所需要的职业岗位综合能力”。岗位导向以实际或模拟工作教学为主要教学方式，通过合理选择岗位标准和项目化设计得以实现。校内实习公司模拟现代企业制度建立组织机构，实习公司制定了公司章程，成立了股东大会和董事会，股东大会和董事会均由系领导、专业教师和学生组

成。其中，专业老师担任总经理，部分专业教师担任管理顾问，副总经理及其以下部门经理等管理人员均由学生竞岗担任。学生可根据岗位标准开展实践教学活动，培养职业岗位综合能力。

（三）工学交替

在这里，工学交替是指“对学生的实践教学围绕校内实习公司的生产、经营活动进行。学校的教学围绕学生在实习中遇到的问题进行，一段时间集中教学，一段时间实习，实习与教学交替进行的培养方式”。为此，要注意处理好“工”“学”的安排，务必使“学”可帮“工”，“工”可促“学”。

（四）订单培养

订单培养是指“由用人单位根据其对不同规格的人才需求情况，提出用人规格、数量和培养要求的订单，用人单位与学校共同制定教学方案，共同建立实习机构，共同参与学生的选拔、教学的组织、考核等一系列教学活动”。在这里，校内实习公司充当一个接单方的角色，通过校内实习公司，可将校外工厂与学校联系起来，校外工厂的生产需求与学校的实践教学要求同时反馈到校内实习公司中，由校内实习公司根据订单和岗位标准设计课程，开展对学生的教学与生产组织。

第三节　高职院校校内实习公司实践教学的课程开发

实践性课程是高职院校培养学生职业素质的重要路径之一，对高职学生职业素质构成分析是实践性课程开发的依据，为此，在研究高职院校实践教学课程开发之前，我们有必要先了解高职院校学生的职业素质构成。

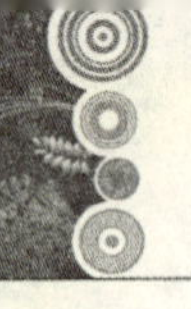

一、高职院校学生职业素质构成分析与培养路径探索

（一）职业素质概说

1. 素质

要理解职业素质，我们首先必须清晰地厘定其上位概念——素质。

素质有狭义和广义之分，狭义的素质概念，是作为生理学、心理学上的一个概念来用的，是指个体从上代继承下来的、天生具有的解剖生理特点，主要是神经系统、感觉器官和运动器官的机能特点，这些特点是通过遗传获得的，因而也称遗传素质。广义的素质概念是把素质看作人的内在品质和质量，是在遗传素质基础上，受后天环境、教育的影响，通过个体自身的体验认识和实践磨炼，从而形成的比较稳定的、内在的、长期发生作用的基本品质结构，包括人的思想、道德、知识、能力、心理、体格等。我们所讲的职业素质，就是在这种广义的素质基础上构成的，它是人的先天遗传和后天教育、实践交互作用的结果。

2. 职业素质

（1）职业素质概念界定及特点。

当前，我国学界对职业素质的概念存在着多种界定。包括：

"职业素质是指从业者在一定生理和心理条件基础上，通过教育培训、职业实践、自我修炼等途径形成和发展起来的，在职业活动中起决定性作用的、内在的、相对稳定的基本品质。"①

"职业素质是学生综合素质的一部分，是与将来从事的职业相匹配的素质和能力。"②

"职业素质是劳动者对社会职业了解与适应能力的一种综合表现，

---

① 中华人民共和国教育部高等教育司．职场必修——高等职业教育学生职业素质培养与训练．北京：高等教育出版社，2005.

② 穆学君，英宝有．高职学生职业素质培养．北京：高等教育出版社，2009.

也是指为完成工作任务、胜任岗位资格所需要的知识、技能、经验、态度等综合素质，是从事专门工作的人自身所必须具备的条件，通常可表现为从业者的职业道德、职业个性、职业能力、职业文化等。”①

“职业素质是人们从事职业活动所必需的基本意识、能力和知识的集合，反映了从业者在从业过程中的精神状态和能力水平。它包括职业理想、职业道德、职业个性、职业习惯、职业技能等方面。是从业者在职业活动中起决定性作用的、内在的、相对稳定的基本品质。”②

“职业素质应是‘职业人’所具有的、适应职业岗位需要的素质。职业素质既有共性特征，又有个性特征。所谓共性即所有‘职业人’都应具备的素质，或基本职业素质。如合作能力、攻关能力、解决矛盾的能力、心理承受能力等。所谓个性，就是指某种职业岗位所要求的特有素质。”③

综观上述对职业素质概念的不同界定，可发现其所具有的一些共同特点，即职业素质具有职业性，总是与职业活动、职业岗位联系在一起的；职业素质具有内在性与稳定性，人的职业素质一旦形成，就会存在并表现于主体的一切职业活动和行为中；职业素质具有整体性，胜任本职工作，不仅要有好的专业技术技能方面的素质，还要有好的思想道德素质和心理素质、生理素质等；职业素质具有发展性，由于现代社会经济、科学技术的发展会带来社会职业和职业岗位的发展变化，这种变化会不断地对从业者提出新的职业素质要求。

（2）职业素质培养目标与规格。

关于职业素质的培养目标，可以认为是：“以满足行业、企业发展需求为目标，培养学生具备良好的职业道德、较强的责任感和敬业精

① 潘素芳．浅析大学生职业素质的培养．现代营销，2012（4）．

② 邱迎君．关于高职涉农专业学生职业素质培养的实践．职教论坛，2011（29）．

③ 邓勇．高职院校职业素质教育实践与探索．中国职业技术教育，2010（2）．

神；培养学生了解企业文化和企业精神，遵守企业规范；培养学生坚忍不拔的意志，熟练掌握专业技能，成为高技能的社会主义合格建设者。”①

根据职业素质的培养目标，可以将职业素质的培养规格分解为职业道德培养规格、技能文化培养规格和职业健康培养规格。职业道德培养规格包括共性职业道德和个性职业道德。共性职业道德重视培养学生的诚信品质、敬业精神和责任意识，培养学生遵守“爱岗敬业、诚实守信、办事公道、服务群众、奉献社会”的职业道德规范，自觉遵守企业规范，培养学生成为企业的好员工。个性职业道德按照行业特有的性质、规范、责任和服务对象、服务手段，培养学生遵守行业道德规范。技能文化培养规格包括专业技能、企业文化和企业精神。其中企业文化和企业精神是要培养学生了解优秀企业的企业文化和企业精神，不断增强学生的责任意识，发挥企业文化对学生的引导和凝聚作用。职业健康培养规格包括职业心理健康和身体健康。职业心理健康主要包括健全的人格、健康的情感、正确的从业态度、较强的适应能力、较强的抗挫折能力、敢于竞争的精神、一定的创新精神、追求成功的心理。身体健康主要是使学生具备工作需要的身体素质。

（二）职业素质构成分析

关于职业素质的构成，有研究认为包括五个方面十种类型。五个方面指影响人的职业活动倾向、目的及方向方面的素质；影响人的职业活动过程调节和控制方面的素质；影响人的职业活动水平、质量和效果方面的素质；影响人的职业活动程度的素质；体现人的整体形象和面貌方面的素质。十种类型指身体素质、心理素质、政治素质、思想素质、道德素质、科技文化素质、审美素质、专业素质、社会交往和适应素质、

---

① 穆学君，英宝有．高职学生职业素质培养．北京：高等教育出版社，2009.

学习和创新方面的素质。[①] 也有研究将学生职业素质划分为职业道德素质、技能文化素质及职业健康素质三个层面，其中职业道德素质包括共性职业道德与个性职业道德，技能文化素质包括专业技能、企业文化和企业精神，职业健康素质则包括职业心理与身体素质[②]。本书主要采用后一种职业素质构成分类标准。

（三）高职院校学生职业素质培养路径述评

2010年8月，国家颁布了《国家中长期教育改革与发展规划纲要（2010—2020年）》（以下简称《纲要》）。《纲要》深刻指出，教育要"努力培养造就数以亿计的高素质劳动者、数以千万计的专门人才和一大批拔尖创新人才"。体现在高职教育上，要培养更多符合时代需要的高素质技术技能人才。高素质技术技能人才这一培养目标，要求高职院校学生能成为在最前沿的新知识、新技术领域范围内相对应地掌握核心技能的劳动者。然而，有研究发现，我国高职院校学生职业素质培养在以下方面存在问题：部分高职院校学生存在不同程度的性格和情绪问题；一些高职毕业生缺乏起码的职业道德，把个人的前途发展放在首位，对企业的忠诚度降低，一旦有了跳槽的机会，完全不顾企业对个人的培养以及对现阶段工作造成的影响；一部分高职学生需要得到专门的指导才能适应岗位要求，欠缺主动学习、钻研业务的精神等。[③]

造成上述我国高职院校学生职业素质培养问题的原因很多，其中，培养路径的缺陷不容忽视。通过对以往相关研究的梳理，可以发现当前我国高职院校学生职业素质培养路径主要包括：

1. 活动性课程设计

活动性课程不同于以往的活动，也区别于第一课堂的课程，指的是

---

① 中华人民共和国教育部高等教育司，全国高职高专校长联席会．职场必修——高等职业教育学生职业素质培养与训练．北京：高等教育出版社，2005.

② 穆学君，英宝有．高职学生职业素质培养．北京：高等教育出版社，2009.

③ 孙阳．对高职院校学生职业素质的调研与思考．科教文汇，2009（5）.

学校正式设立的、经过课程设计的、以活动或实践方式出现的、要求学生完成相关任务并严格考核的一种综合性课程。活动性课程兼具活动和课程双重属性。有研究认为，学生职业素质培养可以围绕学习能力、沟通能力、创新能力、职业生涯规划、团队合作能力、企业文化与职业道德、创业能力、面试能力、毕业生离校教育等9个模块，设置学风建设月、团队合作训练营、企业文化节、创业设计大赛、模拟面试大赛、毕业生文明离校教育月等9门活动性课程，共10个任务学分实现。①

2. 校企文化互动

校企文化互动是通过校园文化与企业文化的相互影响、相互作用、相互渗透创造出的一种新的高职教育情境，它是提高高职学生职业素质，使之更加适应企业人才需求的有效培养模式。

校企文化互动视域下高职学生职业素质培养的路径包括：在校企精神文化的互动中培养高职学生的职业素质；在校企制度文化的互动中培养高职学生的职业素质；在校企物质文化的互动中培养高职学生的职业素质；在校企活动文化的互动中培养高职学生的职业素质。

3. 志愿服务

志愿服务是当前大学生参与社会实践的主要形式之一。有研究认为，志愿服务是提高大学生职业素质的有效途径，首先，志愿服务中的身份认同可以扩大社会关系资源；其次，在志愿服务中提高了团队合作能力和社会适应能力；再次，志愿服务活动的组织工作培养领袖气质；最后，志愿服务可以转变大学生的就业观念，增强工作信心，锤炼职业意志，从而增强心理承受能力。②

4. 顶岗实习

当前最典型的企业实习就是顶岗实习。有研究认为，职业素质的提

① 穆学君，英宝有．高职学生职业素质培养．北京：高等教育出版社，2009.

② 王顺茗．论志愿服务与大学生职业素质培养．人民论坛，2010（29）.

高离不开实际锻炼。高职院校可通过顶岗实习的职场形式，组织学生参与性学习，引导学生扮演职场各种角色来获取不同职业的丰富体验，使职业素质教育在实习中渗透、在环境中熏陶、在活动中锻炼、在实践中创造，使高职学生得到全方位的职业素质的培养。

5. 创业教育

有研究认为，可以把创业教育作为提升学生职业素质的重要抓手。创业教育视角下的职业素质培养重在实践，必须创造多元的实践环境，探求创业教育与职业素质培养的有效结合点。通过强化平台支撑，开拓理论与实践互动之路，让学生在实践中做到知、行统一，发展专业特长，让学生在实践中不断提高职业技能和综合职业素质，增强创业意识，进行自我完善和塑造，从而提高学生的就业竞争力和创业能力。为此，学校要鼓励学生充分利用国家的优惠政策，创办自己的经济实体。高职院校不仅应该在校区内创建实践基地，更应该鼓励学生承包经营基地内的实体店，鼓励学生在具备创业条件的前提下，勇敢创业，学校提供一些有利于学生创业的免费技术支持、免费信息咨询等，通过鼓励学生创办经济实体的形式，锻炼和提高学生的创业能力、科研能力、协调合作能力。

多年实践表明，上述路径虽然可以从不同角度提升高职院校学生的职业素质，但同时，它们在运行中也存在一些不足。

在“志愿服务”与“顶岗实习”中，社区、企业事实上成为相关活动的发起者、实施者与评价者，突出表现在：活动的开展对企业、社区资源依赖性过大（如志愿服务对社区公益性活动的依赖，顶岗实习对企业生产性活动的依赖）。由于学校在这些活动的过程中作用有限（主要起着协助组织的作用），这容易导致学生职业素质培养偏离设计的轨道。例如，“顶岗实习”中，生产的压力导致往往根据工作岗位的要求而不是学生的能力培养需求来教学，需要学习的那些知识可能与组织的生产、学生职业素质的培养密切相关，也可能无关。因此，生产的压力会对学生职业素质提升的广度和深度等产生影响；“志愿服务”活动设计依据的是社区公益性需求的实际，这往往与学生自身特点、将来从事的职业岗位特征以及职业素质需求不完全匹配，因而也常常需要调整。

在“活动性课程”与“校企文化互动”中，虽然学校拥有活动设计的主动权，并对照高职学生实际有针对性地设计相关项目，但囿于校园相对单一的文化环境，对高职学生职业素质中的职业性培养往往难以实现。

至于创业教育，由于创业教育所需的社会环境缺失，支持大学生创业的政策不完善、不配套、不系统、缺乏可操作性，导致我国高校的学生创业大多以失败而告终。

（四）基于校内实习公司的学生职业素质培养路径

通过对我国现有高职院校学生职业素质培养路径的梳理与评价，我们认为，高职教育高素质技术技能人才培养目标决定了高职院校学生的职业素质必须在全真的职业环境中培养。但传统上，我国高职院校学生职业素质的培养途径主要包括在校内实验实训室实训和到社会企事业单位实习。虽然这两种途径在培养学生的职业素质方面起到了积极的作用，但在实践过程中也存在诸多不足，具体表现在：在校内实验实训，更多的是对已有知识、理论的验证和对生产技术或经营的模拟，难以形成企业生产、经营、管理的真实人文环境，无法使学生得到实际的职业体验和训练，不利于学生综合素质和职业能力的培养；在校外实习，由于校外实习基地一般都是以“企业为主，学校为客”，学校对企业的依赖性较大，企业出于保护其商业秘密等自身利益的考虑，一般不让学生或老师去接触企业的关键技术和管理诀窍，同时在实习时间安排、人数保证和实习岗位上也难以满足人才培养方案设计的教学要求。基于此，并在结合职业教育发达国家（特别是德国、新加坡）经验的基础上，

本书将校内实习公司设定为提高我国高职教育实践教学质量、培养我国高职学生职业素质的第三条道路。

关于校内实习公司的运行特点，我们认为包括实训教学的生产性、实训场所的就近性、组织实施的全程合作性。关于校内实习公司在高职院校学生能力培养中的作用，一是按照课程教学标准的要求，能针对学生进行生产性实训和顶岗实习等各种实践教学；二是能按国家职业标准的要求，针对学生、教师或社会人员进行相应职业技能和职业素质训练；三是能按国家职业技能鉴定标准的要求，承担对学生或培训者的相应职业技能的考核结果进行检验。除此之外，校内生产性（经营性）实训还在生产、科研、技术服务、国际交流合作、示范辐射等方面发挥着重要的作用。

二、基于校内实习公司培养学生职业素质的校本课程开发

在对基于校内实习公司培养学生职业素质的校本课程开发进行研究前，我们有必要先对下面两组概念进行辨析。

（一）课程与职业教育课程

1. 课程

关于课程的定义，我们可以从课程的英文词“curriculum”的词源拉丁文“currere”中得到理解。“currere”译成中文是“跑道”。什么是跑道？它包含两个基本问题：①跑向哪里，即跑道的方向；②在哪跑，即跑道的路面。据此引申，可把课程理解为“学习路径”，从这条路径的起点跑到终点，学生将由一个初学者变成“受过相应教育的人”。跑道的方向相当于课程目标，跑道的路面相当于按照某种逻辑组织起来的内容。因此课程是把依据目标选定的内容按照某种理念进行组织从而形成的一个实体。

泰勒曾把课程划分为目标、内容、组织和评价四个基本问题。尤其

是引入课程评价这一问题，使得课程研究的范围更加完善，因为在实际教学活动中，评价是一个不可缺少的重要环节。而现代课程理论就是关于课程目标的确立、课程内容的选择与组织、课程目标达成程度的学问。

2. 职业教育课程

作为只有100多年历史的职业教育，其课程理论的发展只能算是处于萌芽状态。对职业教育课程的研究，是随着其课程实践的展开而逐渐发展起来的，但当前这一领域的研究还比较薄弱。

关于职业教育课程的定义，包括“职业教育课程就是教育的组织者对教育内容、进程和标准的总体设计和安排，是职业教育的各种教育、教学、实习和实践活动的蓝图和基本依据，具有方案性和计划性”①，“职业教育课程是职业教育机构教学计划、教学大纲及教材所规定的全部教学内容和全部教学活动的总和”②，等等。学者们对职业教育课程的认识包括广义与狭义两种，广义的职业教育课程指与职业教育相关的一切活动、载体、进程等，狭义的职业教育课程主要指课程的具体存在形式，如科目、教学目标、教学计划等。

（二）国家课程与校本课程

国家课程与校本课程一起构成了课程的两个下位概念。

1. 国家课程的概念

国家课程亦称国家统一课程，是自上而下由中央政府组建的课程编制单位负责编制、实施和评价的课程。这类课程编制单位是受政府指派或委托，负责为整个教育系统某些地区、某类学校编制课程。国家课程通常具有权威性、多样性和强制性。

---

① 朱晓斌．职业教育课程论．南京：广西教育出版社，1997.

② 姜大源．职业教育学研究新论．北京：教育科学出版社，2007.

2. 校本课程的概念

与国家课程相对应的是校本课程。校本课程开发源于对20世纪50—60年代课程改革发展的反思，特别是当人们发现课程的编制者、实施者和评价者之间互相脱节时，校本课程的开发便被提上了议程。

校本课程是由学校全体教师、部分教师或个别教师编制、实施、评价的课程，也包括校际合作编制的课程。校本课程是对国家课程的补充和学校特色的体现，在职业教育领域具有重要的意义和作用。与国家课程相比，校本课程体现了教育的服务性（服务学校、服务学生、服务社区），并将教师从课程的执行者转到了课程的开发者。

3. 校本课程开发的实施

校本课程开发需要回答三个问题，即：开发什么？由谁开发？如何开发？开发什么是指课程开发希望获得的产品；由谁开发是指课程开发的主体；如何开发则是指课程开发的方法。

（1）课程开发的内容。

校本课程开发的内容是要回答开发什么的问题。根据课程开发工作的进程，可以分为文本层面的开发、实施层面的开发与评价层面的开发。

文本层面的开发包括课程目标、课程门类、课程结构、课程内容等项目的开发。这些内容通常以文本形式承载课程的相关信息，将其作为课程实施的依据，故称为文本层面的课程开发。实施层面的开发包括课程内容的组织、教学模式的选择、实施环境的开发以及课堂层面的课程改造等。这一阶段表现为教师与学生“教”与“学”的行为过程，也是文本层面开发成果的试行与推广阶段。评价层面的开发包括学生学业评价和课程本身的评价，它决定了应该收集、分析哪些资料，由哪些人参与以及做出结论、提供什么建议等。

（2）课程开发的主体。

校本课程开发的参与者包括教育行政工作者、课程专家、学校教师、学生、家长、企业及社会团体等，他们都是校本课程开发的主体，对校本课程开发的深度和质量都有较大影响。

（3）课程开发的方法。

校本课程开发的程序和方法主要有需求调研、信息整理、编制课程、开发教学资源、课程实施、评价和改进。

（三）基于校内实习公司培养学生职业素质的校本课程开发

早在2004年，时任广东农工商职业技术学院副院长的杨群祥教授在对我国高职教育市场营销专业人才能力培养路径分析的基础上，创新性地提出了人才培养的“八个一工程”，其中“建立一个模拟公司”指的便是校内实习公司。之后，基于校内实习公司培养学生职业素质的校本课程也逐步得到了开发。之所以说它是校本课程，主要是因为其开发以广东农工商职业技术学院教育教学改革实践为基础，并由部分教师联合企业专家共同开发而成，其课程目标指向本学校、本地区、学校学生的实际需要，课程实施基于学校校内实习公司这一实践平台，课程评价充分听取相关行业企业、社区、学生的意见，在尊重学生、学校、社区的差异性基础上，最终保证了课程真正以培养学生、促进学生发展为目的。

1. 基于校内实习公司培养学生职业素质的校本课程标准与模式

（1）基于校内实习公司培养学生职业素质的校本课程标准制定。

《现代汉语词典》中关于“标准”的解释有两个。其一，衡量事物的准则；其二，本身合于准则，可供同类事物比较核对的事物。在《标准技术基本术语》中对标准的解释做了如下定义：“标准是重复性事物或概念所做的统一规定，它以科学技术和实践经验的综合成果为基础，

经有关方面协商一致，由主管部门批准，以特定形式发布，作为共同遵守的准则和依据。”由此可见，标准具有统一性、规定性等本质特征。

课程标准（curriculum standards）作为标准的下位概念，在课程理论中一般取其“统一性”的本质规定性，将其引申为“文件”，有时以“纲领性文件”为内涵归结，有时以“指令性文件”为内涵归结。与普通教育课程标准相比，职业教育的课程标准是根据特定职业领域内一定学段的课程目标，以学生职业能力和职业技能的形成为重点，为教与学提供详细指导而编写的指导性文件。职业教育课程标准的制定，既要满足教师针对不同学生因材施教提供弹性空间，又要满足劳动力市场对人才需求的变化与发展，还要满足企业参与者对学生的全面考核。因此，职业教育课程标准的制定更应体现弹性开放的就业导向性。借鉴国家基础教育课程标准的框架体例，职业教育课程标准的构成要素必须在课程背景介绍、课程性质介绍、课程标准定位、课程设计理念、课程设计思路、课程目标、课程内容与要求、课程实施建议等方面体现其系统性。下面，我们将围绕校内实习超市的运行，分析广东农工商职业技术学院市场营销校本课程标准的制定思路。

广东农工商职业技术学院校内实习超市是由学校设立，管理系主办，为加强学校市场营销、物业管理、电子商务等相关专业高职学生的实习实训而设立的。实习超市于 2001 年 9 月 16 日开张，经营面积 100 多平方米，前期投资 20 万元，向学生集资 15 000 股，主要经营各种日常生活用品、食品、饮料等，价格便宜，货真价实，甚至为教职工上门服务。学生在专业老师的指导下开展商品采购销售、商务洽谈、广告策划、网上购物、电脑收银、股份管理等实习活动，同时进行市场营销、连锁经营等课程的学习。

① 市场营销校本课程性质分析。

课程的性质是课程的定位，不同定位的课程需要制定不同的课程标

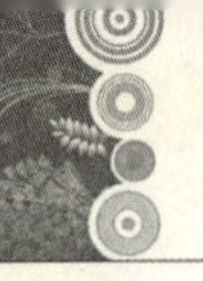

准。根据职业教育课程的功能划分，课程可分为普通文化课程、专业课程和实践课程，由此可以开发职业教育普通文化课程标准、职业教育专业课程标准以及职业实践课程标准。基于校内实习超市的运行，广东农工商职业技术学院市场营销校本课程指向的便是职业实践课程标准，它是基于营销工作实践领域的活动，帮助校内学生开展商品购销、存储、陈列、推销等活动并获得直接经验，密切联系学生自身生活和社会生活，体现对消费者心理、营销策划、商务谈判等相关知识综合运用的实践性课程。

② 市场营销校本课程的设计理念。

课程设计的基本理念是职业教育课程在设计时应该关照的理想观念，这些理想观念是由职业教育课程本质所规定的。具体表现为：基础课程的扎实性、专业课程的实践性、拓展课程的延伸性。特别是专业课程的实践性及延伸性，要求的就是我们围绕校内实习公司的运行，搭建真实而具有操作机会的职前上岗学习平台，以体现专业学习的社会化，并适当加以延伸，以满足不同职业岗位学习的需要。

市场营销校本课程的设计理念，就是充分建立在实践性与延伸性基础之上的。在实践性上，根据专业人才培养方案，广东农工商职业技术学院市场营销专业学生在实习超市必须进行不少于 30 个学时的实践；在延伸性上，不少学生在 30 个实践学时的基础上，还直接或间接地从事着与实习超市和营销密切相关的活动。如有的学生承担了实习超市的财务、人事等管理工作，有的主动针对某一市场进行调查，有的上门宣传、派发超市日用生活品种及价目表，有的利用节假日或社会大型活动日进行商品促销，还有的已开始着手为实习超市建立自己的网站。围绕校内实习超市展开的市场营销校本课程满足的不仅是营销职业岗位学习的需要，还满足了企业管理、人力资源管理、计算机、财经等相关职业岗位学习的需要。

③ 市场营销校本课程的设计思路。

课程标准的设计思路包括课程组织思路、目标思路、学习内容思路以及实施建议思路。课程组织设计思路主要说明课程以哪种方式将众多课程规划在一起，可以是核心阶梯课程组织设计，可以是单科分段课程设计，可以是模块组合课程设计，还可以是群集式课程设计。课程目标设计思路主要说明通过课程学习，学习者将达到的知识技能目标以及过程性目标，一般包括基础知识的掌握、能力的培养、习惯的养成以及情感态度体验等目标。课程学习内容设计思路主要说明为了完成职业教育课程目标，应该选取什么样内容来构建职业教育课程内容板块。

围绕校内实习超市设计的市场营销校本课程采取的是模块组合课程设计思路，即通过划分、整合市场分析、经营管理、销售促进、岗位综合四大能力模块，将相关课程规划在市场营销校本课程之中；在课程目标设计思路上，围绕校内实习超市设计的市场营销校本课程通过校内实习超市实践，学习者将实现采购、存货、收银、理货、商品陈列、门面装饰、盘点、走访客户、产品策划等一系列知识技能目标；在课程学习内容设计思路上，为完成相关课程目标，围绕校内实习超市设计的市场营销校本课程选取营销管理、客户服务、市场开发、产品营销、市场调研、营销策划、客户服务等内容来构建职业教育课程内容板块。

（2）基于校内实习公司培养学生职业素质的校本课程模式选择。

① 模式。

模式是解决问题的途径、方式，是解决某一类问题的方法论、标准样式和解决方案。模式的意义在于呈现、示范、介绍，即通过模式，呈现一种理念，介绍基本程序，描述结构关系。要想建立一个模式，必须满足下列条件：其一，要素性。模式是由要素构成的，模式反映的是构成模式要素之间的比例关系。其二，程序性。模式必谈程序，一个模式应提供一个具有可操作性的基本程序，不同模式具有不同操作程序。其

三，推广性。一个模式应具有指导、推广及促销意义。其四，一个模式应为人们提供一个思维的空间，以拓展、生成其他模式。

② 课程模式。

由上述对模式的分析可知，课程模式是关于课程要素、课程程序、课程结构关系的理论。但关于课程模式的本质研究，不同课程专家基于不同研究领域不同的理解侧重点，有不同的概念界定。有的将课程模式理解为课程类型，顾明远在《教育大辞典》中说“课程类型亦称课程模式”；有的将课程模式理解为课程研制及其关系，“课程模式指课程开发的构架和思路，是课程内容和进程在时间、空间方面的特定形式或课程要素的时空组合方式”。因课程研制基点的不同而产生了各种各样的课程模式，如目标模式、过程模式与实践模式。目标模式课程研制三步骤是确定目标、选择经验以及组织经验，它体现了追求效率和社会控制的课程论思想；过程模式更多的是考虑选择教育内容而不是关注预设教育目标及其引起行为变化的具体结果；实践模式主张以具体实践情境的特殊需要为核心进行课程研制，认为教师和学生之间的交互作用是课程意义的真正源泉，进一步提出课程研制的基本方法是“课程审议”。

③ 基于校内实习公司培养学生职业素质的校本课程模式选择——模块式技能组合课程模式。

模块式技能组合课程模式又称 MES（Modules of Employable Skill 的缩写），意为“适于就业技能的模块组合”。因此，模块式技能组合课程模式是典型的职业技能培训模式。模块式技能组合课程模式的“模块”具体所指的是依附在职业背后的职责所应达成的任务，一个任务是一个模块，一个职能需要完成多项任务，即模块组合是任务得以顺利完成的保证。因此，该模式的具体开发步骤是：描述工作性质；确定岗位职能；分解职能任务；编制学习单元。下面，我们就广东农工商职业技术学院围绕校内实习工厂选择相应的课程模式展开进一步论述。

④ 广东农工商职业技术学院围绕校内实习公司开展课程模式选择的探索。

2003 年 5 月，学校电子与信息工程系和福建省泉州市电教设备厂签订产学研合作及销售合同，并购进数字标记集中信号源等专用调试设备，正式挂牌成立了校内实习工厂。校内实习工厂模拟实际工厂管理模式，设有厂长、副厂长和技术指导，分别由系领导及专业课教师担任。按照工艺流程，校内实习工厂精心安排工作岗位，明确分工。工厂下设加工组、插件组、浸焊组、补焊组、调试和维修组、装机和整机质检组、整机入库组，通过对各岗位进行定编定员，让学生直接参与到生产管理中来。一年内，校内实习工厂分三次完成 8 500 台 FM 接收机的设计与组装工作。2004 年 8 月，校内实习工厂又与广州光明电子厂合作，第一次承接了电子产品的外来加工，加工了 12 000 件玩具车声音控制器；此外，校内实习工厂又承接了东莞森泰电子有限公司组装 4 000 台 ADSL 调制解调器的订单。

校内实习工厂适用于“电子组装工艺与设备”、“PLC 可编程控制器”、“单片机原理与接口技术”等课程的实践教学，在长期的实践教学中，教师们共同设计了模块式技能组合课程模式，其技术操作路线如下：

- 确定职业目标。

职业目标主要指接受职业教育后所获得的技能目标，包括获得了哪些专业知识与专业技能，技能达标所需要的工具与设备等项目。早期学校校内实习工厂设计的职业目标就是“胜任电子、通信产品的安装、调试、运行、维修和管理；通信企业的运营与营销；单片机的应用与低端设计”。

- 岗位职责与工作任务分析。

职业由岗位构成，岗位需要分析其主要职能，而分析职能必须划分

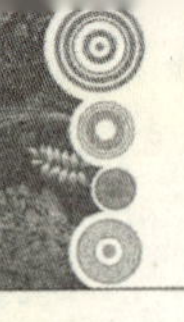

工作任务。因此，分析岗位职责、分解工作任务，以获得职业模块是MES课程模式构建的中心。

首先，进行岗位分析。岗位分析是结合岗位特点对岗位职业的工作职责和职责内的工作任务的具体分析描述。岗位分析一般由在某一职业长期工作、经验丰富的优秀从业人员组成专门委员会，对某一具体职业岗位进行定性与定量描述，以确定其工作职责与范围。如校内实习工厂涉及的是电子技术应用工程师岗位，其对岗位职业要求包括：对电子产品组装、制造和维护能力、对电子产品进行分析测试和生产管理能力、对电子产品基本设计开发能力等。

其次，开展任务分析。任务分析是针对参培人员在"工作职责"的每项"任务"中，就岗位条件、岗位开展的活动、任务标准所做的具体描述。主要应说清楚在什么条件下、做什么、做到什么程度三个问题。该项工作由"任务分析顾问委员会"承担，对岗位分析阶段所罗列的"职责"及"任务"进行补充、删减，由此，得到一张任务分析表及说明。在广东农工商职业技术学院校内实习工厂中，相关任务的划分包括锡焊技术，电子元器件、印制板设计与制造，表面安装技术，电子产品工艺设计与装配技术等。

再次，划分模块。模块划分是MES课程需要解决的一个重要问题，即依据岗位职责和每一职责的任务而划分的具体任务，对有操作顺序的工作，MES划分模块的逻辑是按照工作顺序和时间来划分的，对没有操作顺序要求的工作，则MES划分模块的逻辑只能按照工作内容来划分。以校内实习工厂电子产品装配工作为例，装配工作主要是将元器件插在线路板上，然后加助焊剂（松香水），过波峰浸焊，再通过剪脚机完成。如电子产品装配按工作顺序和时间可以划分为插件、浸焊、剪脚与补焊四个模块。

• 编制学习单元。

学习单元是模块的更细程度的划分，一个模块的学习可以由几个学习单元组成，每一个学习单元都设计有学习目标、学习内容、考核要求等内容。如插件模块，与此有关的学习单元包括插件技术、插件工具、插件程序等细小单元。

⑤ 对校内实习公司培养学生职业素质的校本课程模式评价。

MES 课程模式的优点可以概括为以下几点：

便于新知识、新信息的及时拼插学习。与学科课程相比，学科课程强调知识的逻辑性与系统性，这种课程编排不利于知识、信息的及时更新；模块课程是以模块单元随意组织课程，不强调知识的逻辑性，只强调知识为目标服务的属性，因此，有利于新信息及时整合。如校内实习工厂通过电子产品的组装，在使学生了解无线电接收机制作过程和工作原理的同时，加深了他们对电子产品生产工艺流程方面的认识，使他们掌握了电子产品工艺设计与装配技术，培养了学生安全生产意识、质量控制和成本核算的观念。上述新信息的不断整合，强化了学生的职业素质，为今后就业奠定了良好的基础。

课程富有弹性与个性化。模块课程模式的培训大纲和培训内容是用模块和学习单元方式表示的，通过模块单元学习，使受训者获得社会生活活动中所需要的一种实际技能，相同模块可以由不同学习单元构成，不同学习单元的随意组合又会生成新的模块，这种模式不强调学员学习的齐步前进。因此是高度弹性化的课程模式。同时，模块课程的模块编排，方便学习者依照个性、兴趣随意抽取模块学习，是个性化菜单样式的课程。校内实习工厂在生产的同时，还为学校的无线电协会、电子技术协会、计算机协会等开展相关活动提供技术条件，通过模块单元学习，为那些对新技术感兴趣的学生和电子设计爱好者提供专门课程，为学生参加“挑战杯”、电子设计大赛等竞赛进行课程模块重组，进行专门训练。通过这种课程模块重组方式，校内实习工厂培养了许多专业尖子，部分学生在全国、省级电子竞赛中获奖（见表3－1）。

表3－1 部分学生在全国、省级电子竞赛中获奖情况

序号	年份	参赛人	获奖情况
1	2001年	庞军钦等3人	全国大学生电子设计竞赛广东省二等奖
2	2003年	陈正德等4人	“挑战杯”广东大学生课外科技活动竞赛三等奖
3	2005年	劳祖深 杜惠敏 叶健晓	全国青少年无线电测向比赛8个奖项
4	2005年	李卓生	获“挑战杯”广东大学生课外科技活动竞赛三等奖
5	2005年	陈致健 周启生 陆庭文	获“挑战杯”广东大学生课外科技活动竞赛三等奖
6	2005年	李卓生 刘燕英 孙哲勇	全国大学生电子设计大赛广东赛区三等奖
7	2005年	陈斯贝	学校首届电子创新设计大赛一等奖
8	2005年	李卓生 刘燕英 孙哲勇	学校首届电子创新设计大赛一等奖
9	2005年	黄健	学校首届电子创新设计大赛二等奖
10	2005年	陈致健	学校首届电子创新设计大赛三等奖

2. 基于校内实习公司培养学生职业素质的校本课程目标与内容

（1）基于校内实习公司培养学生职业素质的校本课程目标。

职业教育课程目标上承教育目的、教育目标，下接具体教学目标，它的确立对整个职业教育课程体系的构建有着重要的枢纽意义。

① 课程目标的内涵。

课程目标是指在课程的设计、实施过程中所体现的教育价值的基本要求，也就是学生学习某门课程后，在知识、技能、态度方面的预期结果。课程目标是教育目的和培养目标的具体化。课程目标具有选择的功能，即对课程内容的选择和教学方法的选择。

② 课程目标的依据。

职业教育课程目标的依据是学生的职业生涯发展和社会对人才素质的需求。以学生的职业生涯发展为基本目标的职业教育课程，反映到学生的素质结构上，强调的是职业素质培养，张扬的是“人”的全面发展，这包括四个方面：一是完成职业任务所必需的基本技能或动手能力，即“基础能力”；二是完成职业任务应具备的基本职业素质，即“关键能力”；三是职业岗位变动的应变能力和就业弹性；四是在技术应用领域中的创新精神和开拓精神。以学生的职业生涯发展为基本目标的职业教育课程，可以真正落实“因材施教”。首先，以职业生涯为目标，为学生终身职业发展做准备，有利于激发学生的学习积极性；其次，可以根据学生的思想、行为、习惯及性格、认知特点，将其基础现实、认知能力状况与职业生涯发展目标加以比较，从存在的差距中可以发现教育上的需要，从而确定符合学生实际的课程目标；再次，在教学组织上，以职业领域的工作任务为参照点，按照工作过程的需要来选择知识，以工作任务为中心整合理论与实践，有利于尽早让学生进入工作实践，体验完整工作过程，逐步实现从学习者到工作者的角色转变。

此外，社会对人才素质的要求也制约着职业教育课程目标、内容、结构、实施和评价等，因此，高职各类课程也必须以社会需求为参照。

③ 围绕校内实习公司培养学生职业素质的校本课程目标确立——对广东农工商职业技术学院方周财税咨询公司的分析。

2004 年 11 月 2 日，广东农工商职业技术学院财经系向广州市工商

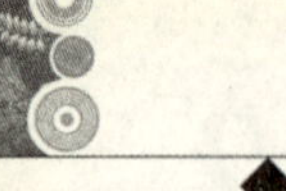

管理行政管理部门申办财税咨询公司。经过努力，于 2005 年 1 月 31 日取得了企业法人营业执照。作为又一所新办的校内实习公司，广东农工商职业技术学院方周财税咨询公司建设的宗旨之一，就是要促进精品课程的建设。

2004 年，学校财经系会计电算化专业被确定为院级重点专业建设项目。2005 年，经广东省教育厅批准，该专业的基础课程“会计基础”被列为省级精品课程。但随着我国市场经济社会的不断完善和高职教育改革的深化，精品课程建设不可能一劳永逸，它需要不断创新与发展。为此，如何加强内涵建设，彰显“会计基础”精品课程的品牌与特色就是学校创办财税咨询公司的基本思路。

会计电算化专业学生未来的职业走向是企事业单位的出纳、会计、银行柜员、审计、财务管理、会计信息系统开发、应用与维护等相关岗位，按此职业生涯需要，学生应具备出纳业务处理、会计核算、管理会计业务处理、会计信息系统开发、会计信息系统维护等相关能力，而未经校内实习公司培训的学生在会计基本核算能力上远远满足不了职业生涯对相关能力的需求。为此，从相关需求差距中确定符合学生实际的课程目标，“会计基础”这门课程的目标便是培养学生掌握会计的职能、对象、任务、会计准则、会计方法、会计核算组织程序，重点培养会计基本核算能力。

（2）围绕校内实习公司培养学生职业素质的校本课程内容。

课程内容的选择是指根据特定的教育价值观或课程观及相应的课程目标选择课程要素的过程。影响职业教育课程内容选择的因素有很多，包括课程目标、学生发展需要、社会发展需要以及课程内容本身的性质。当前国外职业教育课程的内容大都呈现以下特点：一是以职业活动内容为主，以工作岗位所需技能为准则进行开发，某一门课程可能涉及多门学科知识，具有兼容性的结构；二是职业教育课程的形式多种多

样，各种课程内容的呈现方式也多种多样；三是关注市场对劳动者要求的变化，适时地更新课程；四是专业课程内容与各生产要素相适应，与技术的变迁相适应，表现出应变性的结构特点。

职业教育的课程内容主要通过教材来呈现。教材是指导学生进行学习的材料，教材创新的前提条件是转变旧的课程观和教学观。职业教育课程要立足于能力本位，培养学生的职业素质，就要体现出教材的区域性与适应性，区域性是指应根据不同地区的经济建设、就业市场和行业发展水平更新教材，适应性则是适合教育对象的个性特征编写教材。

校内实习公司在实现教材的区域性与适应性上作用重大，它一方面可以使学校与当地企业、区域市场的联系更加密切，另一方面也能使学生的个性特征反映到教材建设之中。社会对人才的要求和生产（经营）发展的动向能够通过校内实习公司及时反馈到学校。学校根据这些信息，按工作流程和职业岗位要求，不断调整教学内容，共同开发工学结合的教材。如广东农工商职业技术学院市场营销专业依据校内实习超市运行实际增设了“连锁超市经营管理实务”课程；艺术设计专业自编教材，并在国内高职院校首创开设了“专卖店设计”课程等。

3. 围绕校内实习公司培养学生职业素质的校本课程实施与评价

课程实施与评价是课程研究的两个相互联系又相互影响的重要环节。没有课程实施，课程设计就只停留在书面上。但课程实施不是简单、机械地执行课程，而是对课程的再创造。课程实施的结果受到多种因素的影响而处于动态变化过程，能否实现预期的目标，需要采取适当的策略和有效措施予以监测和评价。课程评价具有导向、诊断、反馈、促进发展等多种重要的功能，是课程实施再创造的依据。

（1）围绕校内实习公司培养学生职业素质的校本课程实施。

所谓课程实施，是将编制好的课程计划付诸实际的过程，是实现预期的课程理想，达到预期课程目标的基本途径。课程实施的过程，就是

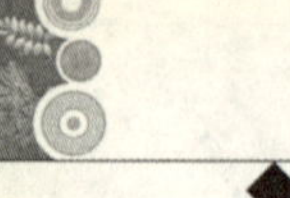

一个教师学习的过程、教师间合作的过程、对课程的调适过程以及教师“观念”和“知识”的重构过程。

① 校本课程实施的影响因素。

影响校本课程实施的因素是多层次、多样化的，它们构成一个系统，在特定的环境中发挥综合作用。

• 课程实施背景。

价值取向制约人的行为。研究者一般认同三种课程实施取向：忠实、相互调适、缔造，这三种价值取向可以导致明显不同的课程实施行为。忠实取向容易产生依照预定课程方案按部就班或被动“消费”的“消费者”；相互适应取向可激励实施者主动、积极地“消费”预定课程方案，依据实际情境不断地修正预定方案；缔造取向则让实施者成为课程开发者，将预定课程方案作为课程开发的资源，并主动利用其他资源，积极建构课程新体系。

在广东农工商职业技术学院，围绕校内实习公司的运行，相关专业的教师既是固有课程的实施者，又是潜在课程的开发者。在对固有课程实施的过程中，教师们充分发挥自我能动性，通过观察校内实习公司运行中遇到的问题，利用校内实习公司的相关资源，结合学生职业素质培养的效果，开发新课程。营销专业指导教师在利用校内实习超市实施“市场营销”、“连锁经营”等传统课程的基础上，发现绿色食品前景广阔，与广东农垦、燕塘乳业等相关企业合作增设的绿色食品专柜也大受居民的欢迎。为了更好地让学生了解绿色食品，解决学生们在营销绿色食品过程中所碰到的各种问题，教师们通过自身的再学习与团队的分工合作，建构了“农产品营销”课程；汽车专业教师在利用校内实习工厂（骏怡汇汽车科技美容店）指导学生，为校内外车主提供护理性和修护性汽车美容服务中，发现工科学生在与客户的沟通中存在很多问题，为此特别建构了“客户关系学”这一全新课程。此外，针对附近

居民购买二手车现状以及二手车带来的质量问题，汽车专业还建构了“二手车鉴定”课程，专门面向二手车主解决他们的疑难问题。校内实习公司为课程创新与实施提供了较好的平台，通过这个平台，以学生职业素质培养成效为准绳，运行的校本课程可以根据实际情境不断地修正预定方案。

学校的历史文化和企业行业对课程实施的影响也很重要。课程实施是否顺利，与其所在学校的历史文化背景密切相关，因此要推进课程实施，必须研究学校既有的历史文化背景，分清其有利和不利因素，有针对性地加以控制。此外，课程实施，尤其是专业类课程，还受到来自企业行业的技术标准、人才规格要求以及企业文化的直接影响。广东农工商职业技术学院是一所“以农为体，工商为用”的高职院校，长期的专业积淀与丰富的教学资源使得学校在商业、财经等方面具有专业优势，围绕校内实习公司开设相关课程具有师资、资源、技术方面的全面保障。在企业行业方面，学校与广州百货企业集团有限公司（以下简称“广百集团”）合作共建广百商学院。广百商学院既是广百集团的员工培训基地，又是广东农工商职业技术学院学生实习基地，商业类行业企业的技术标准、人才规格要求以及企业文化通过广百商学院直接影响到校内实习超市与相关课程的建构、实施，并为课程的建构提供了大量的教学资源，包括企业高管、骨干教师等人员互聘等。

- 物质基础。

课程实施的物质基础就是课程资源，大体包括：

社区课程资源——无论是博物馆、科学馆、图书馆、教育网络资源中心、青少年活动中心，还是学校周边的自然资源等，都是学校课程实施的可利用资源。此外，学校所在社区的各种改革计划、方案，社会群体现实舆论，家庭的支持程度等，对教育改革也可能产生相应的影响，进而作用于课程实施。

学校现有的教育资源，包括活动场所与设施、教育媒体和教育辅助手段，更是课程实施的必要保证。广东农工商职业技术学院校内实习超市位于广州天河商圈与粤垦路居民生活圈之中，天河城、正佳广场、摩登百货等大型超市林立，金燕、绿佳等居民生活区环绕周围，这些都成为校内实习超市可用之资源。一方面，校内实习超市先后与宏城、吉之岛等大型超市建立了业务培训关系，通过与超市中的销售人员一起工作、生活，向他们学习，这些超市所面临的种种突发问题也时常被学生们带回学校互相研讨，用以改进校内实习超市之不足，提高对商圈客户的服务水平。另一方面，学生们将校内实习超市的营销圈由校园拓展至周边社区，通过从消费特性、人口结构、家庭户数、购买行为等方面对超市周边居民区内的潜在客户调查的结果，制定新的采购商品品种与类型。

• 课程实施主体之间的交流与合作。

一般而言，课程的实施与三方面密切相关，课程决策者、课程管理者和来自教育实践中的教师。课程决策者多从宏观上把握课程实施的具体方向，强调课程实施的意义与价值。课程管理者在课程实施过程中起着桥梁的作用，他们一方面安排课程实施，另一方面又要指导教育实践中的教师。教师是课程实施最直接的执行者，他们对实际操作过程中碰到的问题最有发言权。三者间的关系如此密切，这要求他们在课程实施的过程中要充分交流与合作。通过交流，课程决策者、管理者可以将隐含在课程中的一些价值理念传递给教师，并给他们提出一些建议与意见。通过交流，也可以让教师更好地理解课程实施的意义所在，提高他们实施课程的积极性。

② 围绕校内实习公司实施校本课程的策略。

在我国，职业教育课程改革可能由不同层面的教育机构发起，因此，大体上有以下三种策略：自上而下策略，即课程变革是由国家或地

方一级的教育机构发起，在实施中强调学校中的其他因素与变革相一致。自下而上策略，即变革机构试图通过教师检视学校中的问题，由此成为革新者而引入变革，因此作为个体的教师是变革的发起人。该策略主张处理教师当下关心的问题，借此发动学校系统内的组织变革。自中而上策略，这种策略选择了一条中间路线，它认为从上至下的策略过多地依赖于外部的奖赏，从下至上的策略又必须以个人或群体倾向改革为前提，而事实上学校文化总是相对保守的，不愿主动变革。该策略主张学校是发起变革的最适当机构，学校要成为课程实施的主体，一方面，联合校外人士推广革新；另一方面，创造有利条件，促使教师参与变革。

多年来，广东农工商职业技术学院一直围绕校内实习公司开展自下而上及自中而上的校本课程实施策略。在国家级精品课程“商务谈判”的实施中，主讲教师将校内实习超市中的许多案例直接放在课程之中，从而不断实施着课程的改革。

③ 围绕校内实习公司实施校本课程的模式。

在当前我国职业教育课程实施中，已有的实施模式包括“研究—开发—推广模式”和“启动—实施—吸纳模式”，“研究—开发—推广模式”认为课程改革是由以下四个阶段按计划性展开的过程：一是研究，建立某种教育理论；二是开发，根据理论设计新的课程方案；三是推广，将新方案系统地传递至学校与教师；四是采用，学校与教师无权对课程方案进行修改或调整，只负责使用。这种“研究—开发—推广模式”具有以下特征：需要实施的技能假定为可以学习的及可以特定化的；课程方案由专家设计并使其臻于完美。由于假定课程方案能适合不同的学校情境，教师很少有机会进行现场修改；假定课程目标已得到课程开发者、教师和学生的认同，并且这些目标成为评价学生的主要基础；评价课程的方法主要是心理测量式的，如成就测验或态度调查；课

程实施以“忠实”程度作为评估的基础，课程方案的使用者是变革的被动接受者。我国职业教育课程大多采取此类实施模式。

“启动—实施—吸纳模式”的研究者认为实施变革的主要障碍在于学校的组织动力，因此他们强调在实施阶段给学校加入一些鼓励变革的组织变量。这一模式由以下三个阶段组成：一是启动，变革领袖寻求所有可能参与变革的人（如教师、行政人员等）的理解和支持；二是实施，新课程方案与学校组织之间的调运，既定课程方案的特点、教职员工的能力、当地社区的性质以及学校组织结构等都可能有所改变；三是吸纳，设立一些程序，尤其是在职培训等，来保证实施的方案得到必要的人力与财政支持。“启动—实施—吸纳模式”不再将注意力放在技术、行政权力等因素上，而是关心变革过程中教师的信念、理解、能力，学校与社区的情境等特点，是校内实习公司实施校本课程的主要模式。

（2）围绕校内实习公司培养学生职业素质的校本课程评价。

评价是衡量人物或事物的价值，是判断与衡量人物或事物的优点与积极作用。课程评价就是通过对课程实施的结果进行判断与评价，从而为调整、修订、创新课程实施的策略与方法提供依据。

围绕校内实习公司培养学生职业素质的校本课程评价以社会需求为依据，以岗位职业能力为标准，即实训课程评价体系必须得到社会的共同认可，其特征包括：

① 从多维度设计课程的考核内容。

按照培养学生是否具备胜任将来某个岗位（岗位群）工作能力的要求，以实操考核为主，理论知识考试为辅，侧重“基本技能”、“应用能力”和“综合应用能力”来确定考核评价的内容。具体从以下几个方面进行：考核学生对生产环境和项目流程熟悉程度以及操作熟练程度；是否能够独立完成实训要求，完成实训任务的准确性和高效性；能

否根据已学的知识和个人的见解进行项目的设计。

② 评价主体的多样化。

改变以往以教师为主的单一评价主体的状况，采取任课教师、企业中的能工巧匠和学生共同参与评价的方式。学生参与自我评价，能提高学生技术学习的积极性和主动性，促进学生对技术学习的过程进行反思；学生对其他同学的评价的过程也是学习和交流的过程，从而认识到自己的优势和不足，有助于学生正确认识自我。

③ 评价方式的多样性和灵活性。

根据高素质技术技能人才培养的要求，取消一次性期末定终身的书面考试，将考试分为书面考试、技能测试、项目设计报告等各种形式，突出过程性，关注学生的操作过程，操作是不是规范，操作中存在什么问题，全面考核学生的综合素质和能力。

第四章

高职院校校内实习公司的典型案例分析

短短几年来，校内实习公司得到了迅猛发展，很多高职院校开展了诸多探索。在专业领域、公司类型、模式选择、管理方式、运行方式等方面形成了不同特色的校内实习公司。本章所列举的典型案例，有助于高职院校开阔思路和因地制宜地选择符合自身的模式类型。

第一节　校内实习公司的模式类型

俗话称“条条大路通罗马”。模式具有多样性、针对性等特点。为了便于选择自身发展的模式，有必要对模式及其特点、类型进行必要的阐述。

一、模式与教学模式

“模式”一词，在北魏时期就出现了。《魏书·源子恭传》中记载：“故尚书令、任城王臣澄按故司空臣冲所造明堂样，并连表诏答、两京模式，奏求营起。”到宋代，张邦基《墨庄漫录》卷八中也提到：“闻先生之艺久矣，愿见笔法，以为模式。”清代的薛福成《代李伯相重锲汶滨遗书序》中：“王君、夏君表章前哲，以为邦人士模式，可谓能勤其职矣。”模式是人们在实践当中，当某一领域逐渐成熟的时候，通过不断地对该领域积累经验，所发现的很多反复显现的东西，也就是出现

规律性的呈现状态，再通过对之进行归纳、升华，则可称为模式。简单地说，模式就是解决问题的途径、方式，是解决某一类问题的方法论、标准样式和解决方案。依此为指导，有助于同类问题的解决和实现预期的目标。但是，模式反映的只是形式上的规律性，而非实质上的规律性，只是人们经验上的总结。因而解决问题的方案并不具有唯一性和最佳性。这也为我们探讨新的更好的模式留下了开放的空间。

“教学模式”一词，最早由德国哲学家约翰·弗里德里希·赫尔巴特于1806年提出，而广泛地为人们使用只是20世纪70年代的事情，被引入我国只有十几年的历史。教学模式被定义为，是建立在一定的教学理论基础之上，为实现特定的教学目的，将教学的诸要素以特定的方式组合具有相对稳定的结构，具有可操作性的教学模型。它具有如下特点：

1. 简约性

任何教学模式都是简约化了的教学结构理论框架及活动形式。教学模式既能使那些纷繁杂乱的实践经验理论化，又能在人们头脑中形成一个比抽象的理论更具体、简明的框架，从而便于人们去理解、交流、运用和传播。

2. 操作性

教学模式所提供的教学程序都是便于人们理解、把握和运用的。这是教学模式区别于一般教学理论的重要特点。它有一套操作的系统要求和基本程序，能够被传授和学习，被示范和模仿。

3. 针对性

每种教学模式都有它特定的作用，有明确的针对性。有些教学模式的适用范围更宽广一些，但也有些模式只能适用于极为特殊的教学情境。不可能有一种普遍有效的、可以对一切教学目标都适用的万能模式。

4. 整体性

任何教学模式都是由各个要素有机构成的整体，本身都有一套比较完整的结构和机制。在运用时，必须整体把握，既透彻了解其理论原理，又切实掌握其方式、方法。

5. 稳定性

从结构层面透视，教学模式有完整的结构与机制，是教学系统整体性能的体现，在空间上表现为多种要素的相互作用方式，各种教学要素之间在教学活动进程中依附于某种教育思想和教学理论，因而具有相对的稳定性。

6. 开放性

教学模式一旦形成，其基本结构保持相对稳定，但教学模式并不是一个封闭的系统，而是一个不断完善的、复杂的、动态的开放系统，有一个产生、发展、完善的过程。它总是随着教学实践、教学观念和理论的不断发展变化，而不断地得到丰富、创新和发展而日臻完善的。教学模式的不断变革与改革，正是它得以具有优效性的重要保证。广泛而深入的教学实践，为教学模式的发展和完善提供了广阔的前景和丰富的养料。

7. 多样性

用不同的教育思想、不同的认知理论、不同的学习理论以及对非认知心理作用的不同观点来指导，或受不同流派的影响或由于对理论的不同理解与运用，就会相应地形成众多不同的教学模式，构成了教学模式的多样性。不同教学模式的静态结构中还存在着不同的要素，也同样使得教学模式具备了多样性。

校内实习公司的教学模式，就是多样的教学模式中的一种，它具有如下特点：

1. 新颖性、独特性

校内实习公司是不同于校外实习基地和校内模拟实训的第三条通

道。它包括了新时期先进的教育思想、教育理论的指导，新的教学结构进程。独特是指某一种形式适合于某种特定的条件、范围、专业或课程。

2. 可行性、推广性

校内实习公司教学模式，具有构建符合和体现现代先进教育思想和教育理论要求的一套比较完整的操作要求和基本程序，可以在实际的教学中运用并经过实践验证的，具有可行性。教学的结构进程主要是为了人们的模仿和运用，因而，使用中也不应当是重复操作，教学的方法是可以千变万化的。

3. 稳定性、发展性

课堂教学模式形成的是教与学活动中各要素之间稳定的关系和活动进程结构形式。模式一旦形成，要素之间的关系就趋于稳定，模式的进程结构也趋于稳定，模式才具备可行性。变化不定的“模式”人们无法把握它，也就不具备可行性，这种模式其实是名存实亡。但是，稳定并不是一成不变的，稳定是相对的，在长期的教学实践中课堂教学模式也要经历一个完善的过程，一成不变的模式同样是没有生命力的。赫尔巴特的四段论课堂教学模式由其弟子补充完善为五段教学法，在教育史上统治了近半个世纪。可见，校内实习公司的教学模式，只有在实践中发展完善才具有价值。

4. 多元性、灵活性

校内实习公司的教学模式应该是多元化的，因为不同的公司类型、不同的专业、不同的行业都具有自身的特性。因此，在构建校内实习公司实践教学模式时应该考虑到这些方面。

二、校内实习公司的模式类型

采用不同标准划分，校内实习公司有不同的模式类型。

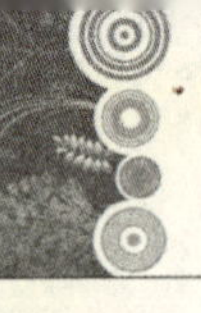

（一）从管理的主体性上划分

如果从管理的主体性上划分，校内实习公司可以分为企业主导型、学校主导型和共同经营型等。

1. 企业主导型

企业主导型的校内实习公司是一种企业进驻学校，以企业为主导来组织生产和承担实习任务，具备企业资质的公司类型。这种类型公司的特征是，企业或行业提供设备、技术和师资，或企业租用学校部分设备，公司、生产车间建在校内，由企业负责进行生产、经营和管理，由企业的生产经营带动学校的教学，实施工学结合，产品进入市场产业链；学校提供生产经营的厂房、车间或其他经营场所，在一定程度上参与企业的管理与建设，共同安排学生的教学实践活动。这种类型的公司，在企业凭借其自身在设备、技术、营销渠道与策略、管理等方面的优势，在确保完成生产任务、获得效益的同时，学生的职业技能得到了锻炼，综合素质得到提高。

这种类型公司的优点是，学校引进了企业的管理制度，产品的生产、管理、销售比较规范，销售渠道比较畅通，学生能够依托企业带来的生产任务有效地开展生产性实践活动，能够使学生感受到真实的生产经营环境，有利于学生与生产实际的对接。同时，实践教学也借助企业的工料而有效地降低了教育成本。从企业角度看，企业把整条生产线或一个车间设在学校，可以节省投入到基础设施建设上的资金；可以借助高职院校的社会影响力和知名度，提高企业的品牌效应；可以利用学校的特殊的优惠政策和科技研发能力，以及独特的劳动力资源，降低生产成本，提高产品竞争力。

但是，这种类型的公司，由于企业在管理中占主导地位，企业在保证产品质量、追求最大经济利益的同时，安排学生实习的时间和时段容易受到限制，学校在实践教学安排上的自主权受到一定程度的制约，实

习公司的教学功能会有不同程度的降低；由于实习对企业方方面面的要求比较多，学校容易处于依附地位，企业在安排实习中的积极性和企业在学生实习中的教学作用在程度上也容易受到影响。

2. 学校主导型

学校主导型的校内实习公司是一种以学校为主导来组织生产经营和实习的公司类型。

这种类型公司的特征是，学校提供场地，由政府投入、学校自筹、企业赞助或部分融资的方式，引入企业的设备、技术、师资或（和）利用学校的设备及师资技术力量，通过为企业承担生产任务或直接为客户提供产品、服务进行生产经营，同时承担学生的实践教学的任务。对于实践教学和生产经营，学校都有自主权。

这种类型公司的优点是，学校掌握着教学和实习的自主权，具有主动灵活性，可以自主地根据教学计划来安排实习；能够使学生面对真实的企业环境，能够使学生从产品的工艺到产品的加工、检验、销售、服务，以及设备的保养等整个环节得到磨炼；生产与教学场所融为一体，教师便于教学，学生便于理解、掌握教学内容，学生的错误便于及时矫正，同时降低了教育成本，利于培养高素质技术技能人才等。

但是，这种类型的公司，一般来讲产品比较单一、固定，更新换代比较慢，销售渠道也相对狭窄。由于不以营利为目的，其市场的竞争力相对较差。

3. 共同经营型

学校与企业依据双方各自的优势，本着互惠互利原则，通过契约形式，共同出资，共同建设，共同管理，共同经营，共同组建实训教学领导小组，制订教学计划，确定教学内容，共同分担教学与实习的任务。一般采取股份制的管理体制，实施企业化运作，优势互补。

（二）从资金来源上划分

如果从资金来源上划分，校内实习公司可以划分为政府资助型、筑

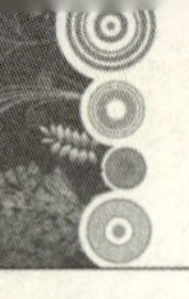

巢引凤型、企业赞助型、学校自筹型和股份制型。

1. 政府资助型

政府资助型是由学校提供场地，政府机构或行业协会出资，在校内建立学校主导型的实习公司。学校负责校内实习公司的运行和日常管理，政府授权学校监管生产和实践教学。新加坡的教学工厂、广东技术师范学院的工业实训中心等，就属于这一类。这种类型，往往集学生实习、产品生产、功能检测、技术鉴定、技能考核、短期培训技术服务等于一体，通过取得一定的经济效益作为持续发展的条件。

这种类型的优点是资金到位快、设施先进，能够解决学校资金紧张和提升建设水平等问题，利于提升教师的科研开发的水平，学校有完全的自主权，便于安排实习和生产。缺点是，在国内这种形式目前仅仅为示范性质，数量极少，缺乏普遍性。

2. 筑巢引凤型

在学校拥有场地、厂房或其他设施，而缺少部分或全部设备或企业化管理模式、技术力量、销售渠道等因素的情况下，学校往往通过引进企业，由企业提供与之配套的设施、生产要素，共同建立生产性公司。在生产经营的同时，开展学生的实习活动，实现“学做合一”的目的。如江苏经贸职业技术学院建立的光华科技产业园公司、温州职业技术学院的中国鞋都（康泰）产学中心、山东科技职业技术学校内的潍坊宝达服饰有限公司等。

3. 企业赞助型

企业以免费赠送或以价格优惠的形式，向学校提供生产设备或销售的产品，由企业援建，协助学校建立校内生产性实习公司。企业通过无偿赞助的形式，一方面利于树立自己的良好社会形象；另一方面，推广、宣传了本企业的产品；再一方面，培养了一批熟悉该企业及其产品和操作性能的高素质技术技能人才。这些人才将来会成为该企业产品的

义务推广者、活广告，甚至是忠实的用户。

4. 学校自筹型

由学校（包括师生）自己出资，在设备、管理等方面建立与现代企业相同生产（经营）性实习公司。如邢台职业技术学院的建筑装饰艺术设计中心、广西农业职业技术学院的广西绿丰种业有限责任公司等。

5. 股份制型

学校通过灵活的筹资方式，向企业或师生或社会融资，形成股份制的生产性实习公司。如连云港职业技术学院由实验室注册的金麦特现代制造技术发展有限公司、广东农工商职业技术学院的实习超市等。

（三）从经营形式上划分

如果从经营形式上划分，校内实习公司可以划分为来料加工型、来样加工型、自主经营型、咨询服务型、技术推广型、创业孵化型等。

1. 来料加工型

由企业提供原材料，校内实习公司通过承接企业的部件加工或完整产品的加工业务，在教师、师傅的带领与指导下，由学生完成加工订单。其优点是，不会产生由于自行购进原材料而造成资金和原材料的积压，也不存在产品的销路问题，实习公司在实施实践教学的同时，获得加工收益。

2. 来样加工型

由企业或社会客户提供样品或图纸，由校内实习公司购置原材料组织生产，完成加工订单。其优点是具有畅通的产品销路，其缺点是生产过程中原材料的质量难以精确把握，会造成一定的浪费和资金的占用。

3. 自主经营型

从市场的分析、产品的设计、原材料的购置、生产、销售到后期服务等一条龙的各个环节，都有校内实习公司承担。其优点是，能够更为

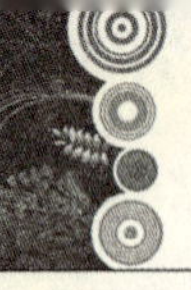

全面地提高学生的素质，但市场风险较大。

4. 咨询服务型

校内实习公司利用学校的设备、师资、图文资料、技术等条件，为企业、政府机构、社会提供技术支持与服务。比如电脑设计、会计事务服务、会议策划与管理、礼仪服务、咨询调查等，或依据企业的问题，展开调查，提出方案、建议。特点是，投入少，市场风险小。

5. 技术推广型

校内实习公司利用学校的科研和技术力量，定向面对企业，根据企业存在的问题，通过科研课题的方式确立项目，寻求与企业的项目合作与研究，承接技术开发和创新服务。或者，公司向企业或生产一线，将学校的科研成果如新产品设计、新技术、新工艺进行推广。这种类型，一般是把课题研究与学生的毕业设计结合起来，以提高学生的创新能力为目的。

6. 创业孵化型

通过校内创业园的形式，由师生或毕业生留校创业，在创办公司的同时，培养学生的实战能力。如温州职业技术学院的温州思科信息科技有限公司等。

（四）从培养学生技能的方式上

如果从对学生技能的培养方式上，校内实习公司可以划分为任务驱动型、岗位导向型、工学交替型、学练一体型、订单培养型等。

1. 任务驱动型

任务驱动型又称项目驱动，是通过把某一企业产品的或工艺的、流程的、销售方案的、管理方案的设计要求，作为一项具体任务，交由学生通过创新或操作的方式来完成的培养方式。在此过程中，锻炼学生的实际工作能力。

2. 岗位导向型

岗位导向型是将产品的生产、销售的业绩、业务的运作等某一特定

职业岗位的综合操作，交由学生来完成，使学生具备某一岗位完整工作过程所需要的职业岗位综合能力。

3. 工学交替型

工学交替型指学生的实习围绕企业的生产、经营活动进行；学校的教学，围绕学生的实习中遇到的问题进行，一段时间集中教学，一段时间实习，实习与教学交替进行的培养方式。

4. 学练一体型

学练一体型指教室在工厂的一角，采取师傅带徒弟的方式，学生边工作边接受师傅、教师的辅导。带有共同性、普遍性的问题，随时集中教学，教学做合一。新加坡的教学工厂就属于此类。

5. 订单培养型

订单培养型即由用人单位根据其对不同规格的人才需求情况，提出用人规格、数量和培养要求的订单，用人单位与学校共同制定教学方案，共同建立实习机构，共同参与学生的选拔、教学的组织、考核等一系列教学活动。一般来讲，由学校承担理论教学任务，企业承担实习实训任务。

第二节　校内实习公司的典型案例分析

根据校内实习公司模式类型的划分，我们调研、收集、归类并分析、比较广东省内高职院校创设校内实习公司的八种类型，与读者分享。

一、自筹资金型

自筹资金是典型的学校主导型模式。生产经营和实践教学的安排，完全由学校掌控，这种类型在管理上关系理顺，方便协调，实践教学的实施比较顺畅。

案例：自筹资金，小花蕾绽放满园春

——广东农工商职业技术学院校内经营性实习基地的铺设

广东农工商职业技术学院最初于2000年开始酝酿、筹备经营性的市场营销专业实习超市，并于2001年9月28日开始正式挂牌营业（见图4-1）。

图4-1 广东农工商职业技术学院学生实习超市

资金来源

实习超市的资金来源，起初由学校划拨出100多平方米的场地，并投入部分固定资产的资金（包括货架、POS机及后台管理系统等），由教师以每股2 000元、学生每股500元自愿认购，筹集流动资金。年终按受益状况分红，自负盈亏。学生毕业后，可以将股份退回或转让给低年级的在校学生。

组织机构

实习超市在组织机构上，模拟现代企业制度，制订公司章程，成立

股东大会和董事会。股东大会和董事会均由系领导、专业教师和学生组成。指导教师担任总经理、校外行业专家担任顾问。副总经理及其以下部门经理等管理人员均由实习生竞岗担任。

运行管理

实习超市归教学系负责管理。超市的运行，实行在专业老师的指导下由学生自主经营、自行管理、自我服务、自负盈亏的管理方式。为了保证实习超市的正常运作，超市制订和逐步完善了实习超市的各项管理制度。如股份制章程、例会制度、人事管理制度、财务管理制度、商场管理制度、采购制度、盘点制度、岗位工作流程和员工信息档案等。实习超市的具体运转，则由学生负责采购、库存摆放、上架、销售、收银、记账、结算、管理等完整的超市经营过程。

实践教学

开业初期，实习超市接纳市场营销专业的学生专业实习。之后，在接纳专业实习的基础上，扩大接纳范围，包括财务、电子商务、计算机等专业的学生参观、实习。专业实习的实习生除直接参与以上的日常经营活动外，商圈的调查、消费者的心理调查、商品的价格调查，以及店面的设计、卖场布局、制度制定与修改完善等，也都由学生在教师的指导下实施。学生参加实习超市的实践教学的过程包括：实习前的课堂教学、实地参观讲解、现场实训、实习。实习中，实践教学的方式包括学生边做边由指导教师和外请师傅手把手指导的“教学做一体”方式、针对共性问题集中授课的“工学交替”方式等，方式灵活多样。“工学交替”的集中授课，既有校外行业专家，也有校内教师，理论与实践相结合、校外行业专家与校内教师相结合。实习超市与连锁经营企业如宏城、百佳、喜市多、万客隆等建立了合作关系，连锁企业界专家来院为学生授课，做专题报告、介绍经验、手把手地直接指导，重点解决学生经营操作中的困惑，校内教师则侧重于操作背后的原理等。同时，校内

还成立了营销协会，举办营销沙龙，创办《经济人》专刊等等，通过以交流为主的形式来分享、交流实习体验，提高学生的职业能力和经营管理素质水平。

评价

(1) 自筹资金，是典型的学校主导型模式。实习超市也是一种最适合自筹资金的形式之一。广东农工商职业技术学院的实习超市，学校、教师、学生共同参与了资金的募集，对于这种经营性的小型实习公司，自筹资金不仅是可以实现的，具有现实可行性，而且也具有一定的必要性。学生以股东的身份出现，不仅在心理体验上、责任心和事业心上与传统的校外实习不同，而且更重要的是在校期间就经历了股份制企业包括股东协议、股份制企业章程、股份制企业的运行与分红方式等完整的体验。“麻雀虽小，五脏俱全”，这种体验的育人价值是极富有意义的。

(2) 这是一种完全真实的企业运行。学生在真实的职业环境中，按照未来职业岗位的基本技术、技能、操作与行为规范、行业标准与质量要求等，以员工的身份开展工作，体验到企业的文化氛围、管理模式、管理水准、操作技术、工作流程。这种实习在操作技能层面上，能够实现就业的直接上岗。

(3) 这不仅仅是一个真实的工作环境，而且面对的也是一个真实的市场环境。一个人仅仅具备操作层面技能仍然是远远不够的，在无竞争状态下能够完成的操作，只能证明具备了能操作、会操作的本领，还不能表明在市场竞争的环境中能够存活。“温室的花朵，无法在大风大浪中成长”，只有在真实的市场环境中，才能够培养竞争意识、革新意识和创新观念、时间观念、紧迫感等。在这种环境中培养出来的学生，不仅获得了静态环境下的操作技能，而且有利于树立市场意识和市场竞争状态下的生存、发展素质。

(4) 在市场的调查、商品选择、厂家的搜寻和比较过程中，在与供货商讨价还价中，在与客户接触中，在与团队成员和上司的接触及协同过程中，在卖点挖掘、商品的推销、交易的谈判过程中，在任务定额的完成、时间的安排、工作的计划等过程中，学生的品质得到了历练。

(5) 这种工与学的交替，十分利于学生整体素质的提升。学生在实习中，是通过接触事物—发现不懂或自己无法解释的问题（或现象）—思考、形成对问题（事物、现象）的朴素认识（或方案）—通过书籍、网络搜集信息或向他人（包括师傅、同学等）请教、交流—思考归纳并结合自己已有认识形成对问题（事物、现象）的新观点、新认识（或方案）—分享、交流自己对事物的新认识—继续多途径搜集信息—继续接触事物验证自己的认识—重新归纳、提升自己的认识—分享、交流自己的新认识……如此循环往复的过程中，提升自己包括思维能力、认识水平和操作技能等的综合素质的。(见图4－2)

实习就是接触事物的过程，在接触事物的过程中，个体存在着自己经历、认识上的空白，或与自己以往既有观念（认识、判断）不一致的问题……面对新事物、新问题、新现象，个体会做出第一判断，产生感性认识，进而为自己的肤浅的认识寻找依据。在通过对多方信息归纳的基础上，形成较为深入的认识……通过自发和组织认识的交流，使每位实习生的认识得到共享……在交流分享中，个体的认识（判断）受到质疑是难免的。个体在维护自己立场的过程中，会整理自己的逻辑、寻找理论与事实的支撑，在受到反驳中得到启迪……在辩论中，或者使自己的观点越来越完善，或者放弃自己的观点而重新建立自己的认识……当人的观点受到反驳时，他会重新收集资料，并实践验证，在理论与实践中进一步升华自己的认识。这是一个循环往返的过程，每一次都会使自己的认识更加深入一层，在不断修正、丰富、完善、发展和巩固自己头脑中原有的知识（包括从书本、课堂获得的知识、生活经历

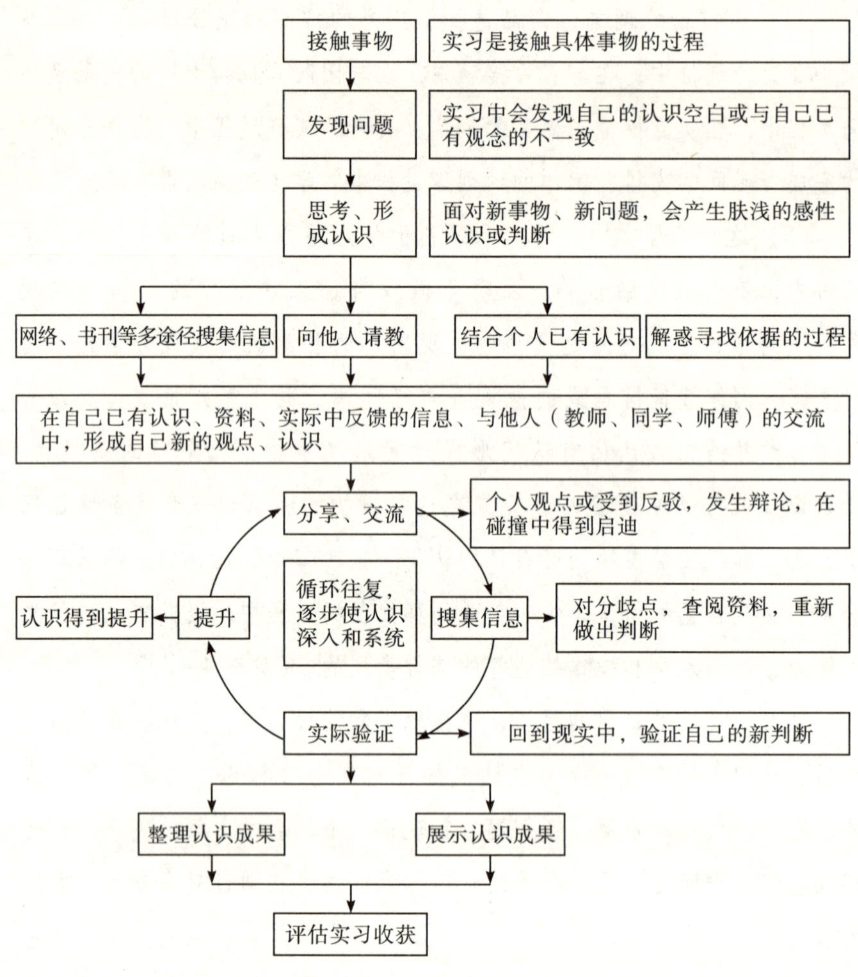

图 4-2　学生素质形成的过程

等）中，形成和发展自己的观点，建立自己完善的、系统的知识体系。

这种实践教学的方式，与建构主义哲学观点相吻合，它是一种以学生为主体的“主动”学习的教学方式。这种主动学习，是相对于“被动”填鸭、灌输而言的，是指由学习者个体赋予事物意义、形成自己的观点看法的过程，即无法由他人替代（不是承接教师思维的结果，不是教师替代学生思维）的过程。这种“主动”赋予、形成自己对事物的

理解，与被动的复制式的学习前人积淀的知识相比，有着更为重要的价值，对学生主见的形成、系统知识体系的建立、创新能力的培养以及终身学习能力和终生的发展，都有着重要作用。

(6) 这是一种重视职业性与学术性相统一的实践教学方式，对于学生的职业技能和学术素质的提高有着重要的意义。普通高等教育侧重于学生的学术素质，高职教育侧重于学生的职业素质。从人类的发展和人的理性角度考虑，职业教育也需要综合素质的培养（在第二章中已经述及）；另一方面，从职业发展的角度来看，高职院校的学生具有宽泛的知识和综合素质，对于发展的后劲具有积极意义。

一方面，校内实习公司的实习，培养了学生的动手操作能力、规范操作技能，掌握了产品标准、沟通能力、谈判能力等职业能力；另一方面，学生在学习职业技能、进行动手操作的同时，校内实习公司的“教学做一体”、“工学交替”和“主动学习”，通过实践、探索、交流在“循环往复”的交替中，培养了学生搜集信息、归纳分析、思维探索能力，而且一步一步建立了学生自己的系统观点，形成了自己的知识体系。在搜集信息、寻求理论支撑、思辨等过程中，提高了自己的学术水平，拓宽了自己的知识领域，弥补了基础理论，提高了学生的整体素质。这种途径所获得的学术素质与被动接受中获得的相比，具有更大价值。

(7) 学生作为股东，对于责任心、事业心、竞争意识的形成则更加有利。因而，这种从门店的选址、市场的调查、竞争者分析、区域人群消费心理的分析、商品的筛选，到商品的采购、商品的摆放、库存管理、定价策略、销售技巧、宣传策略等完整过程的公司行为，加之学生股份的参与，其具有实习的完整性、全方位性。学生得到的锻炼也是全方位的。

(8) 这种实践教学模式，造就了一批企业的骨干人才。从实习超市出来的毕业生，很多都成了连锁企业的“抢手货”。比如，市场营销专业2002届的黄强同学，走出校门就担任实习公司总经理助理，现在是华联连锁企业广州购物中心的楼面经理；第二届实习公司总经理助理2003届的李振涛同学毕业就被上海“喜市多”连锁店总部录用任“喜市多”广州第一店店长，三个月升任为“喜市多”连锁店广州天河区域督导；2005届的王其磊同学毕业不到两年就成为珠江啤酒公司大区营销经理；等等。实习超市也因此被师生誉为“学子的乐园，老板的摇篮”。

(9) 牵动了以职业岗位能力要求和工作过程为导向的课程体系改革。

这种模式使得学校与企业、学校与市场、学校与社会的联系更加密切。社会对人才的要求和生产经营发展的动向能够及时反馈到学校；学校根据这些信息，可以主动调整教学进度与教学内容，使高职教育教学改革能更及时、更准确地反映经济的发展和社会的进步；学校能够依据实习公司反馈的信息，按工作流程和职业岗位要求，调整课程体系、调整教学内容、共同开发工学结合的教材；实习的客观要求，也迫使教学需要调整与生产经营相适应的教学内容和授课的教学方式、方法；在实践中，广东农工商职业技术学院依据实际增设了“连锁超市经营管理实务”课程，并在国内高职院校首创开设了“专卖店设计”课程，自编了教材。形成了“商务谈判”、“市场营销”等一批国家级、省级和院级精品课程和省级示范性专业。已初步形成了“以满足行业需求为目标，以能力为本位，以工作过程为导向”的职教理念和专业课程体系，从而推进“教学做”一体化的教学改革。

校内实习超市作为一个办学理念，为学校打开了校内设立生产性实习公司的思路。之后，学校又借鉴“格子店”经营模式。格子店的理念不仅可以应用在高职院校内的实习超市之中，还可以延展到电子商务

领域，将实体性超市搬到了网上，将网页划分为无数个“格子”，将格子店实习超市与电子商务结合起来实现网上销售，实行网上、网下两个渠道销售，由管理者统一规划网站和销售的物品种类，使网络与格子店相对应，由学生依据市场需求自行投资、联系货源、采购货品、货品说明制作、定价、上传页面、送货等，使学生能够自己当家做主，决策经营，获得创业体验。这种形式由于有了实体店而增加可信度，又由于有网上的宣传而为实体店增加知名度。在学校创设实习超市培养学生创业经营能力的影响下，部分专业的学生也自发或联合同学开始校园创业，培养自身素质。如电子商务专业学生创办的“广州秀扬贸易有限公司”，创办两年后年销售额就达800万元。其创业方案获第三届全国大学生“创新、创意与创业”一等奖。同时，也有效地解决了电子商务专业实习难的问题。在获得创造效益的能力中，其理论水平、创造性思维、运筹能力等也获得了巨大的提升。并且，这种形式不仅使营销专业、电子商务专业的学生获得了从市场调查到商品评价、议价、进货、拍照、描述、定价、展销、送货，以及市场预测、预算、决策等一系列完整的实习体验过程，而且也为计算机、会计等专业的学生提供了实战平台。

学校以校内实习超市为起点，逐步拓展到了不同的专业领域，相继建起了“财税事务所”、“邓老凉茶连锁分店”、“花卉超市”、“蔬菜大棚创业基地”、“营养驿站”、“汽车维修店”、“美容店”、“好色空间工作室”、“涂鸦设计工作室”、“动漫工作室”、“iteam 专业服务中心”、“天狼创业团”、“天博网络技术团队”、“法律诊所”以及“纯净水生产车间”、“食品加工车间”、“果品加工车间”、“电子装配工厂”等，并继续将其他模拟性实训室向生产型车间、公司转型。

如花卉超市，是在教师指导下，完全由学生管理经营的边培育、边销售的花卉自选超市。从品种的选择、育苗、花肥的配置与土壤营养的

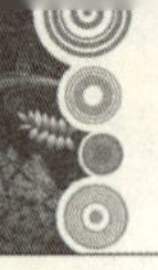

诊断、种植栽培、整形与修剪、病虫害的防治、订单的来源与销售、售后服务等全部环节，都由学生负责。2011 年花卉超市为学校北校区校园提供盆景 10 000 盆，还在校园景观设计招标中，中标获得校园景观设计资格，并获得可观的收益。空间设计工作室在教师的带领下，2010 年承接广州时代广场 5 000 平方米专卖店设计及施工项目，整个订单的完成过程，都是在教师的带领下由学生实地测量、构思创意、设计、选材购料、施工等完成全部的环节，获得了一定的经济收益。2011 年该工作室有 7 件作品获得第五届全国艺术设计大奖赛奖。

图 4-3　广东省教育厅副厅长王玉学教授、广东省教育厅高校毕业生就业指导中心黄兆团主任、课题主持人杨群祥教授、学院副院长何伟教授等为大学生创业就业示范店揭幕

图 4－4　广东省教育厅副厅长王玉学教授在揭牌仪式上讲话

图 4－5　边经营边学习的营养驿站食品厅

图4－6　骏怡汇汽车服务中心

图4－7　学生花卉超市

图4－8 智能温室

图4－9 蔬菜大棚

二、学校主导型

学校主导型，包括学校自筹资金、行业或企业捐赠、政府拨款、社会赞助等形式。其最突出的特点是：生产经营和实践教学的安排，主要由学校负责，便于实施教学计划。

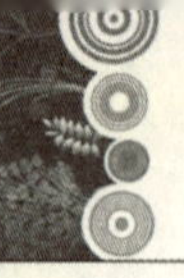

案例：以我为主，小资源撬动大资源

——广东机电职业技术学院校内模具专业生产性实习基地的建设与运作

资金来源

起初，广东机电职业技术学院凭借自行购置的4台数控车床、5台数控铣床、1台加工中心，建立起了模具实训基地。该基地由于设备和空间的限制，只能满足学生相关专业课程的参观、实训之用。而要面对社会接受企业的订单，无论在设备数量上还是在设备的先进程度上，都不具备优势。而在硬件上投入较多的数控设备，则资金缺口很大，学校难以承受。

在此情况下，学校利用地理位置和空间优势，规划出了10 000平方米场地，整合了实验室实训室的资源，建立起了实训中心，并集中资金投入了少量高端加工设备，采取“场地换资源”和“高端引领”的方式，来吸引企业的合作。基地环境和设备的升级，引起了企业的关注，几年中通过获得企业的捐赠设备等途径，目前已拥有可以进行规模生产的设备70多台套，并且吸引了东莞杰安模具厂等企业入校园，在校内“安营扎寨”，共同建设校内生产性实习基地。企业根据生产要求，将工厂、车间、生产项目移植到校内。基地由此成为名副其实的承揽企业订单和开展实践教学的实习基地。

管理运行

广东机电职业技术学院的模具实习基地，属于准公司性质的生产车间，隶属于广东机电职业技术学院的机电工程学院。车间采用合作企业的规章制度、生产流程、操作规范、生产标准和企业文化，接受企业的订单，采取来样加工、来料加工，获取加工收益。

在管理上，由广东机电职业技术学院的机电工程学院负责生产和实践教学的具体实施，校方掌握着教学安排的主动权。企业订单的生产任务与实践教学的任务一致，车间按照企业的订单边生产边教学。生产

图 4-10 企业为学校捐赠设备

中，既有学校教师的指导也有企业师傅的指导，生产任务由学生完成。

在与东莞杰安模具厂合作中，东莞杰安模具厂的职责是：为学校基地建设提出规划方案；分期逐步为学校配备生产设备；定期为设备进行维护；提供原料和生产样品；提供生产技术指标和生产规范；派遣专家入校开设学术讲座；安排经验丰富的技术骨干指导，带领学生生产。学校的职责是：定期为东莞杰安模具厂的员工进行理论培训，为员工考取职业资格证书提供培训条件，并通过学校的数控技能鉴定所为企业员工获取职业资格证提供技能鉴定服务；按期完成生产订单；提供创意性产品设计供企业选择、备用。

在与企业的合作中，学校遵循“以我为主”的校内生产性实习基地建设思路，特别注意把握校企合作的主导权，教学任务与生产任务由校方合理安排，整个生产过程在教师和师傅的指导下由学生完成，学生接触到的是完整的过程、真实的生产，避免了生产干扰教学、学生难以接触到核心领域等问题。同时，学校还成立了由企业参与的“数控与模具类专业指导委员会”，企业为实习基地提出建设方案、参与专业计划的修订、为课程体系的改革和教学内容的改革提出建设性意见，参与实践教学活动。在实践教学中，各取所长，教师侧重原理，师傅侧重操作，学生获得了健全的知识和技能。

实践教学

在实践教学中，遵循“一个主线、两个合一、三个循环、四个强化”的思路，开展实践教学活动。“一个主线”即：在实践教学的整个教改过程中，以培养模具工程生产第一线所需的高等工程技术应用型人才所具备的基本素质结合工作能力为主线，把学生全面素质的养成、创新精神和专业工作能力的培养贯穿于全过程之中。“两个合一”即：打破以前相对独立的理论教学体系和实践教学体系，使二者相互渗透、相互交融、教学做一体。“三循环”即：理论教学—模具认识与基本操作实习，理论教学—专业生产模具拆装实习，理论教学—生产实习。三个循环体现了三个层次和飞跃，都以模具技术为主线。“四强化”即：强化制图的技能，强化模具工种的操作技能，强化计算机运用技能，强化特种加工和数控机床的操作技能。

对于生产任务的安排，以东莞杰安模具厂为例，杰安模具厂作为“NIKE”公司、“ADIDAS”公司、“LOTTO”公司等著名品牌的合作伙伴，为上述公司设计、生产模具和加工精密零件（见图4－11），每年有着数量可观的业务量。在订单积压的情况下，杰安模具厂则需要将一部分交货期限较长的订单转包设计和生产。学校与模具厂合作后，外包任务则委托学校设计、加工其部分产品。校内实习基地承接的企业外包生产任务，使学生接触到了真实的生产活动。

在校内实习基地的管理中，全面实施“5S管理”，即：整理（Seiri）、整顿（Seiton）、清扫（Seiso）、清洁（Setketsu）、素养（Shitsuke）五个项目。

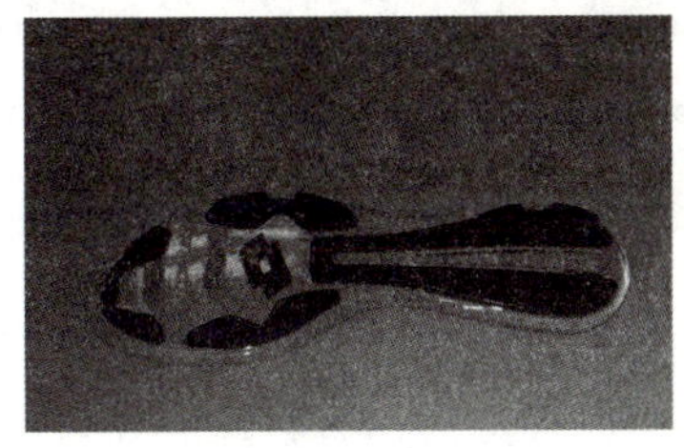

图 4-11 学生为杰安模具厂加工的产品

整理：工作现场，区别要与不要的东西，只保留有用的东西，撤除不需要的东西。

整顿：把要用的东西，按规定位置摆放整齐，并做好标识进行管理。

清扫：将不需要的东西清除掉，保持工作现场无垃圾、无污秽状态。

清洁：维持以上整理、整顿、清扫后的局面，使工作人员觉得整洁、卫生。

素养：通过5S管理，让每个员工都自觉遵守各项规章制度，养成良好的工作习惯，达到“以厂为家、以厂为荣”的思想境界。

评价

(1) 对于投入较大的实习基地，在学校资金难以承受的情况下，利用自身其他优势，吸引企业投入，是实习基地建设的又一途径。广东机电职业技术学院利用空间优势和少量高新设备，以小资源撬动大资源，引来企业的入驻，适合学校场地资源闲置、资金短缺的实际。同时迎合了企业空间紧张、订单集中时设备和人手不足客观需求，特别是对于企业订单不稳定，不需要增加厂房、设备的情况下，外包加工是一种理性的选择。另外，高新设备也对企业接受特殊订单具有吸引力。

(2) 高于企业现状的高新设备，对于职业教育有着极为重要的现实意义。我国20世纪50—70年代，高校的设备条件远远高出一般企业的现有条件，所培养的学生进入企业往往被当作精英看待，将新上马的项目交由大学毕业生负责。由于学生按照所学的技术标准和设备、工艺来对项目上马的条件做出评价、提出要求，而企业的现状往往无法满足这种先进的条件，企业往往被迫而采取“自力更生”、“土法上马”办法，甚至到“文革”时期出现了“反学术权威”的状况。在改革开放后，企业的条件和实力发生了巨大的变化，已经远远超出高校的设备条件，学生所学所见已经落后于先进企业。在没有实行校企合作的一些院校的校内实训基地，由于设备落后于企业，缺乏企业的生产标准和实战的操作规范，甚至穿着未消毒便装进入基地进行食品生产，而被人称为培养制造淘汰产品、伪劣产品、不卫生产品人才的基地。因而，高校采取集中资金投入了少量高端设备“高端引领”的方式，引进企业文化和生产规范，才能实现职业教育培养高素质技术技能人才的目的。

(3) 企业参与教学改革是职业教育的大方向。企业是市场产品与服务需求最直接的体验者，市场对产品和服务的需求反映着对人才知识与能力结构的要求，对人才知识与能力结构的要求关系着职业教育培养目标、教育标准、教学内容、专业设置、课程设置、教学方法、考核方式等一系列问题。因而，企业参与学校的教学及专业和课程设置，利于优化课程体系，利于教学内容的调整与整合，利于形成以市场为导向、以学生职业能力培养为本位、以学生职业综合素质培养为目标的职业教育教学模式。通过几年实践，学校的理论教学内容本着“必须、够用”的原则，一些课程实现了“瘦身”，消除一些冗余内容，增强了教学内容的针对性，并按照岗位对能力的要求完成了一些课程的模块化教学方案。

(4) 以学校为主导，不仅利于实践教学的安排，利于保证教学计划的落实，而且能够实现学生接触到技术核心、掌握生产过程的整个环节等。学生在产品的设计和加工过程中，增加了实战经验，提高了专业水平，利于实现直接就业。

(5) 以学校为主导，将企业引入校内，有利于把企业文化、制度、

流程、规范等移植进校园，为学校留下宝贵的财富，利于培养学生的职业素质。如杰安模具厂的“5S 管理”所培养的素质是企业对员工的基本要求，学生这种“从小事做起，认真、讲究地做好每件事”的素质培养，对于提升职业素质、实现与企业的接轨是十分必要的。我国目前有规模和发展前途的新型企业大都在实施5S 管理。

(6) 来样加工、来料加工，降低了学校生产经营中的成本，不会造成原材料的挤压或浪费，不存在亏损问题，所得的收益能够有把握地补贴到实习消耗之中，变纯消耗性的实习为盈利性实习，实现在使企业减轻生产压力的同时，学校又可以有一定盈利的“双赢”效果。

(7) 将职业鉴定功能引入学校建立职业鉴定所和担负企业员工的理论培训，扩大了实习基地的职能，利于学生获得“双证”和企业员工获得职业资格证，利于增大学校对企业的吸引力和巩固校企合作，实现双惠共赢，解决了“校热企冷”的难题。

(8) 在实习指导方面，学校成立了以教师为主的校企共同参与的导师团队，将相关行业的权威与专家纳入学校的导师队伍。这种结合，不但在实践教学中发挥了各自的长处，使得学生培养更为全面完整，而且企业界导师与学校导师结合所碰撞出的火花，引发了新思维的产生和技术革新热情，并且增加了挖掘资源、寻求项目、展开企业调研、合作研发的积极性。

三、双主体运作型

案例：　依托园区，小厂房成为大课堂

——广东铁路职业技术学院“花都工学结合示范园”运作

自从广州铁路集团公司将广州铁路职业技术学院移交给广州市政府以后，针对学校缺“工”(即缺乏可转换为学习情境的工作项目)、教师缺“工”(即缺乏企业工作经历，缺乏驾驭实际工作项目的能力)、

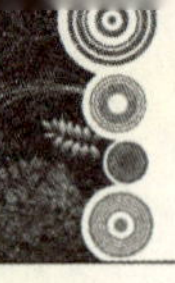

内容缺“工”（即教学内容纯理论较多，缺乏操作性内容）、学生缺“工”（缺少工作观念，“准员工”的角色转换缓慢）的状况，学校提出了“三个对准”的办学理念——“对准市场设专业，对准岗位设课程，对准技能抓教学”。

为此，学校先后派遣100余位骨干教师前往新加坡考察南洋理工学院的“教学工厂”式的办学经验。2008年，学校借鉴新加坡南洋理工学院的“教学工厂”理念，在广州市花都区整体租赁下了占地110亩的粤宝丽工业园区，由机械与电子学院搬入工业园区，在工业园区内建立“四有工”（即学校有满足教学需要的企业工作项目、教师有驾驭工作项目的能力、教学有融入工作项目的内容、学生有操作工作项目技能）实习基地。在租赁下粤宝丽工业园之后，2009年2月，学校通过广州市政府的支持，行业、企业赞助及学校自筹，投入1 000余万元对园区进行了改造。在园区规划与建设上，首先由学校整体规划，兼顾教学、学生生活、实习、生产四个方面。在此前提下，邀请率先入驻的台湾玺明机械有限公司等，提前参与园区改造设计。在生产区的建设上，以台湾玺明机械有限公司等企业车间的生产需求为主体，保证学校方便教学、教室设在工厂的一角的原则下，车间的布局由企业按照生产需求改造，以从源头上奠定学校、企业双主体全过程合作培养人才的基础，改建为兼顾各方需要、包含12个标准厂房、27个实训车间、16间多媒体室、1栋办公楼和6栋师生宿舍楼的“工厂+校园”的园区。

对于如何根据区域经济发展特点和自身实际来找准学校和企业利益的共同点，采用什么样的模式或者途径建设校内生产性实训基地的问题，对园区内原有企业采取了“腾笼换鸟”的方式，将与学校专业不对口、不能将工作项目转换成学习情境、难以胜任培养高职学生的岗位职业能力要求的企业筛选出去，重新引入可转换为学习情境的工作项目较多、可转换项目能提供的工作岗位数量充足的企业进入园区，以保证

引入学校的企业复合人才培养的需要。面对企业入驻园区积极性不高的问题，学校革新办学思想，排除一切干扰因素和陈旧观念，只抓住两个基本点：人才培养、校企双赢，本着“双方需求，优势互补，互惠互利，共同发展”的原则，深入分析学校、企业和学生三方的利益联结点，本着实现校企双方的长期合作的目的，采取前期免除、以后减免场地使用费的优惠政策，并以优惠的价格提供水、电，学校还将最好的设备以优惠的价格提供给企业使用，从教师中选派在行业中具有知名度的精兵强将与企业合作，吸引企业入驻园区。

2009 年改造当年，广州德创电子有限公司就投资 300 多万共建了 SMT 生产安装车间。其中企业的 2 套中速贴片机与回流焊设备，学生参与了拆装。这是电子组装行业里最流行的技术工艺，现今该厂大多数生产人员是学生。到目前，已有 10 家企业车间入驻园区，涵盖机械、电子、机电一体化、模具设计与制造等领域，并且校企共建了工业设计中心、制造中心、控制工程中心、装调维修中心、工业检测分析中心等。目前，校方配套大型设备资产价值约 3 600 万元，企业资产约 2 000 万元。按照规划，未来两年内校企双方追加投资约 2 000 万元。设备资产达数千万元。

工业园区在管理上，由政、校、企共同成立园区管理委员会，协调园区内资源配置，制定发展规划。通过政、校、企携手，创新办学体制，形成“人才共育、过程共管、成果共享、责任共担”的紧密型合作办学运行机制，实现互利双赢。

在人才培养上，遵循理论学习—实践操作—顶岗生产的路径，一方面按照工厂生产流程直接建造的实训室内设置教室，实施理实一体化的教学；另一方面，经过理论学习和实训后的学生，直接进入提供真实产品生产的企业生产线，在真实的职业环境中以员工的身份投入生产。在这一过程中，师傅和指导老师一直与学生一起“同吃、同住、同劳

动”，指导学生的生产。

由于工业园区可以引入较多的企业，学生可以实习的岗位也就丰富多样，实践教学的形势也多种多样。有直接到车间顶岗生产形式的，如模具专业的学生分批轮流到广州大森机械有限公司、花都德利机械厂、广州宇峰模具厂顶岗生产，这几家企业的项目组成了一个完整的模具设计与制造专业知识的学习体系，包括模具设计、工艺编制、模具制造和装配等环节。有顶岗技术服务形式的，如空调专业的学生在园区内的“家电维修中心”开展制冷空调方面的检修服务，跟随园区内的广州雨森空调科技有限公司，开展花都王老吉企业的空调安装、维护保养等工作。在园区内的广州京龙汽车服务有限公司广铁学院分店里，学生以员工身份与企业员工一起开展技术服务。还有以教师个人名字命名的“李兆飞工作室”、“张茂贵工作室”等，承揽企业的攻关项目，与广州焱科节能环保科技有限公司合作，开展列车快速开水机的项目研发，与广州红杉制冷技术有限公司研发出洁净空调等产品，与深圳设计院第三分院设计一所、北方设计院广州分院合作，开展空调工程系统子项目的设计承接等。学校还有自己的MT生产实训车间，为佛山市柏达安全防范设备有限公司、深圳市力之锋电子设备有限公司等企业生产各种电路板等接纳企业的订单，并生产带有学校LOGO的U盘，开创自己的产品品牌。

学生的教学实践活动，都是通过“师傅带徒弟”、“半工半读”的方式来展开的，由学校的教师和企业的员工共同完成学生实习的指导任务。在教师参与企业的活动中，与企业员工一样，对联系来的订单业务进行提成。这不但提高了教育参与企业活动的积极性，而且订单的增加为企业的持续生产和学生实习提供了保障。在对待教师的积极性问题上，学校除了采取参观、讲座、宣传、讨论以提高参与企业活动的认识之外，学校还制定了相关激励政策，如将教师参与生产性实习、服务企

业等情况纳入教师学期和年终考核等，引导教师朝着“产教一体，寓学于工”办学方向发展。

在教学中，企业工程师为学生授课，如大森机械公司的模具经理为学生上“模具制造技术基础”课程，宇峰厂工程师在车间现场为学生上“塑料成型工艺及模具设计”中的“塑料成型工艺与注塑机参数”的实训等。教学依据“干什么学什么”课程建设思路，与企业共同确定课程的内容，兼顾技能与考证相结合，如将制冷上岗证与制冷中级维修证的技能鉴定考核标准融入“小型制冷空调装置”课程，教研室与企业共同开发实用型的一体化教材《小型制冷装置维修与职业资格证考核指导》，并应用于实际教学中，将课程内容进行有效的模块化设计，根据工作过程合理设计出制冷系统的抽真空、检漏、充注、故障检修等多个学习情境，实行教学做一体化的教学。考核采取现场实操考核法与其他方法相结合，注重岗位能力知识、基础技能知识、职业素质、岗位操作能力、拓展能力。此外，学校也为广铁集团公司开展理论培训等工作，如为高级发电车乘务员的技能鉴定培训与考证等。通过几年的探索实践，学校与企业共同育人、校企双赢的格局已经形成。

评价

（1）这是一个由政府参与投资，政府、学校、企业三方投资共同成立园区管理委员会，共同协调园区内资源配置，制定发展规划，责任共担，由校企双方共同负责具体实施和运行的模式。政府的参与，对于解决校方资金困难起到了关键作用，也使园区租赁的实现变为可能。

（2）学校借助于工业园区，企业种类丰富，能够为学校提供更多、种类更丰富的实习岗位。借助于工业园区的这种方式，不仅体现了将企业引入校内建立校内生产性实习公司教学理念，而且将这一新的实践教学途径在规模上得到了实现。实现了由探索到规模的转变。

（3）采取“腾笼换鸟”的方式，将与教学无关的企业清理出工业园区，将与专业相关的企业吸引进来，这种有针对性地选择校内实习公司，重新引入可转换为学习情境的工作项目较多、可转换项目能提供的工作岗位数量充足的企业进入园区，符合校内实习公司建立的基本原则，从源头上保证了引入学校的企业复合人才培养的需要。

(4) 企业注重的是追求利润，在与学校进行合作的过程中，他们必然把企业自身的利润和效益作为第一因素来考虑，这往往造成学校和企业很难达成共识。具体说来，从学校中获得智力支持、劳动力支持、设备资源的共享等，是企业所特别关注的事情。企业将自身有限资源提供给高职院校使用，也确实加大企业运行成本，站在企业角度审视校企合作，投入与回报应该对等。而学校的最终目的是培养人才，投入是必不可少的。学校在充分分析学校、企业的利益点，采取设备优惠租用给企业、房租免除和减免水电费用等优惠政策，能够有效地解决企业参与职业教育积极性不高的问题。这也是在当前政府对企业与高职院校进行校企合作办学上的激励政策不配套情况下的一种选择。

(5) 教室设在车间一角，利于“教学做合一”的思想（见图4－12）。新加坡教学工厂采取的就是教室与车间合一、教师与师傅合一、学徒与员工合一，一边生产一边教学，针对生产中的问题开展教学。教室设在车间一角，“教学做合一”这种方式是职业教育发展的趋势，也是“工学结合”最切实的方式之一。

(6) 学校以教师的名义建立教师工作室，面向园区内的企业和社会提供科研服务，将产学研结合在一起，并且在带领学生的设计研发过程中，培养了学生的创新能力，扩大了学生实习的领域，使得学生实习的范围更加全面、宽泛。

(7) 制定教师参与企业活动的激励政策，利于更多的教师深入企业实际，利于增加教师教学的针对性，利于教师发现企业中存在的问题，共同参与技术革新和实现产学研的结合，利于“双师型”教师的

培养。空调专业教学团队的专任教师队伍目前的双师比达到了100%。同时，企业技术人员参与教学活动激励政策的制定也是非常必要的。

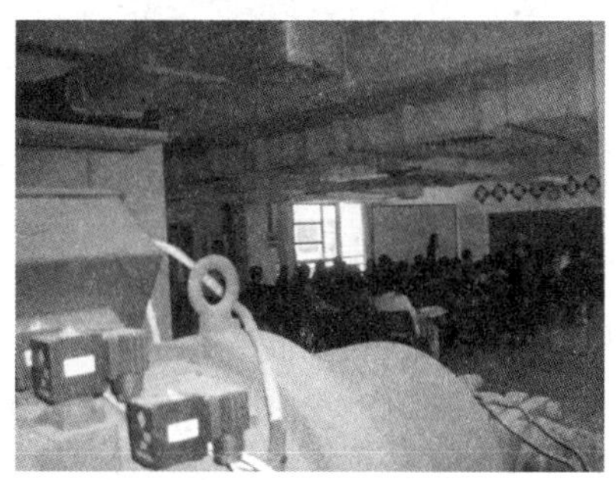

图4－12 教室设在车间的一角

四、筑巢引凤型

案例：筑巢引凤，小场地引来大企业

——广东轻工职业技术学院设备组装基地的运作

广东轻工职业技术学院认真领会教高〔2006〕16号文精神，积极探索改革教学方法、手段和融“教学做为一体”的教学途径。认为，实现“教学做合一”，需要教学设计者打破以往根据知识的相关性来设计课程内容的传统教学模式，应按照工作实践的相关性来组织课程的教学内容，把教学内容和教学目标巧妙地隐含在一个个任务之中，使教学进程由学习任务来驱动。只有这样，才有助于培养学生的创新能力、实践能力、独立分析问题和解决问题的能力，以及团队间的协作能力。为此，学校重新调整了布局，新建了实训大楼，并对实训室进行了改造。在原有实训条件的基础上，新增了仪器设备，使学校设备总值翻一番，达到1.8亿元，实训场地的面积达到了1.2万平方米，包括融专业教学、职业培训、技能鉴定和技术服务为一体的7个重点实训基地、57个实训室。这些基地能够满足7个专业模拟和仿真训练。

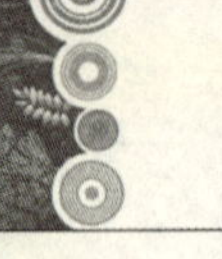

学校在对实验、实训场所的改造建设上，明确了以下要求：

（1）需要能够充分体现以职业技能和职业素质培养为主的主旨，能够将实验、实训有机地结合起来，形成实验、实训、实习相衔接体系。

（2）提高实训车间或模拟场馆设备、设施的技术含量，既要有数量较多的常规设备，又要有一定数量的先进设备，尽可能与行业和技术发展水平保持同步或超前。实训设备可以采用仿真设备、仿真设备生产设备、生产设备等方式。

（3）实训、实习场所按技术大类群分，不能与专业一一对应，把相关大类的专业集中起来，针对岗位群设置、安排实践教学。

（4）有条件的实训室要形成生产能力，提高设备、设施的利用率。实训室的建设要灵活应变，要留有发展空间，不要全部占满。当人才需求多的时候要扩充，当人才需求少的时候要减少。

（5）有条件的实训室要有相应的工业氛围或商务氛围。

经过几年的合作，基地形成了集企业内训、在职培训、职业认证、机电一体化教学设备研制开发、工业自动化设备设计与技术改造、技术咨询等功能为一体的培训服务机构和技术资源供应机构，提供符合广东省产业发展所需的“机电一体化应用技术”人才的培训，为企业和个人的共同发展提供优质服务。实习基地总面积达125 250平方米，生均8.95平方米。

学校对实习的组织和管理做了如下规定：

（1）实习工作由学校实训管理委员会领导，实训管理委员会办公室协调，由各院系具体负责实施。

（2）学生实习前与企业签订实习协议书。

（3）实习活动由学校、企业、学生三方共同参与制定。学校在三方中处于主导的地位，是一切活动的组织者，在整个运作过程中起着重要的作用，企业是三方中关键的一方。

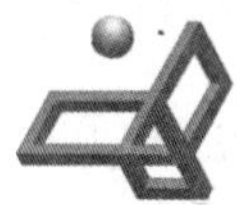

(4) 各院系成立实习指导小组。指导小组是各专业实习的具体管理组织。小组成员由企业管理人员、院系长、院党总支书记、教研室主任、专业带头人、学生工作负责人、专业教师及学生代表共同组成，院系长为第一责任人。

(5) 聘请企业技术人员为学校的兼职教师，负责学生实习期间的组织管理、技能训练等工作，保证每名学生有专人负责。

(6) 学校必须安排校内教师对每位学生的实习进行管理，一般每名教师每次负责管理的学生不多于20名。

(7) 实习指导小组负责与企业合作制定本院系的实习发展规划、实习工作程序文件、实习计划、实习管理规章制度、实习质量监督机制、质量评价指标，并组织实施和对实习的全过程进行评价。

(8) 企业是学生顶岗实习期间的管理者，企业指导教师具体负责学生的顶岗实习期间的各项工作。包括落实实习计划、指导学生完成生产任务、安全教育、实习考勤、业务考核、实习鉴定等工作。

(9) 学生在实习期间接受学校和企业的双重指导，实行以企业为主、学校为辅的管理制度。

为了使实训基地具备真实企业环境，学校将部分场地用于引进企业。经过选择，学校确定了与广东省自动化与信息技术转移中心有限公司合作的意向，并建立了“液压气动及自动化技术”实习基地。该基地能够满足电气自动化、计算机控制技术、楼宇智能化三个专业的学生实习。广东省自动化与信息技术转移中心，是由广东省科学院立项，广东省科技厅批准成立，并经广东省工商局注册成立的广东赛杰自动化与信息技术转移中心有限公司。转移中心以广东省科学院自动化工程研制中心为技术依托，具有明显的技术优势、装备优势、人才优势和信息优势，拥有一批高素质的专业技术人员队伍，是校企合作的理想选择。学校以满足学生实习为条件，向转移中心无偿提供整层楼作为生产场地。

转移中心出资580多万元提供设备以及人员、技术、管理等全套的生产线和订单与销售，在校内建立生产性“液压气动及自动化技术”实习基地，作为公司生产经营和学生实习的场所。转移中心是广东省生产力促进机构，其特点是每隔两三年就需要更新换代部分设备。淘汰下来的设备将无偿充实到学校的实训室，供学生在转移中心实习前的实训之用。

液压气动及自动化技术实习基地是以组装设备为主，包括应用编程、安装、调试和系统集成一条龙的车间。学生实习前，在专业教师和实训教师的指导下，首先要经过校内实训的基本训练，而后才能进入校内实习公司，并在公司师傅的指导下，按员工要求直接生产产品，投入市场。校内的实训，包括了该转移中心刚刚退役下来的设备，其操作和流程与现行设备有诸多相似之处，特别是基本操作具有很大的一致性。这种先实训再实习的方式，由于学生在实习前除经过课堂专业知识的学习外，还经过了针对性很强的实训演练，学生很快就能够顺利完成由学生到员工的转变，大大降低了真实生产中的失误和废品率。在从实验、实训到实习的整个过程中，一方面将实习内容划分为几个大块，如现代气动技术与PLC课程的实习，划分为：项目1，了解简单气动系统，选择气动参数；项目2，了解气缸工作原理，初步学会视读简单气路图，安装简单气动系统；项目3，了解气动阀的工作原理，绘制气路图，安装复杂气动系统；项目4，了解并安装简单电气动系统，学会用PLC普通指令编程控制简单电气动系统并调试；项目5，了解并安装复杂电气动系统，学会用PLC顺控指令编程控制复杂电气动系统并调试；项目6，了解并安装电容、电感、光电传感器，掌握安装与调试机电气一体化设备综合应用能力。各项目由易到难，技能上层层递进。另一方面，理论教学与实践交替进行，如：项目1开始前，要操作演示气动系统的工作过程，讲解气路图的识读标准。项目1结束后，总结简单气动系统

的组成和原理。项目5开始前，讲授PLC顺控指令的编程要点。项目6开始时，讲授电容、电感、光电传感器的简单原理，并演示其使用方法。这样在项目实施的过程中，知识点不断引入、不断补充，逐步掌握的知识点：从简单气动系统到复杂气动系统；从简单电气动系统到复杂电气动系统；从PLC简单指令编程到PLC顺控指令编程；从简单磁性传感器到复杂传感器；从单一的气动系统到综合的电气动系统，最后到机电气一体化系统。再一方面，实行柔性顶岗实习，即“分段轮换、交替穿插、半工半读”的实习。企业生产的淡旺季使其人力需求带有明显的阶段性，受经济的直接影响，也让企业生产带有很大的随机性。这种用人需求的不稳定性与学校固化的人才培养计划存在着矛盾。往往企业需要学生顶岗实习时，学校的教学计划却安排学生进行理论课学习，待到学生需要进入企业一线实习时，企业却已经过了生产旺季，不再需要大量的人力资源，这和传统的集中顶岗实习存在矛盾。解决这一矛盾的关键需要校方适应企业生产，掌握合作企业的用人需求状况，并且按照企业需求合理调整教学计划，按照企业实际用人需求把学生进行分组，实现企业顶岗实习和学校理论教学轮换进行，最终达到“企业用人不间断，学校教育不中断，实习教学不冲突”。同时，柔性分段顶岗实习措施还可以有效解决传统集中顶岗实习工种过于单一的问题，能够实现学生多工种分期轮换，增强实践技能综合锻炼的实效性，最终达到校企互动、工学交替。这是引进企业并实现长期合作实现双赢的重要环节。

评价

（1）实验、实训、实习一条龙，保证了实践教学通畅进行。广东轻工职业技术学院对原有的实验、实训场所进行的改造，与广州铁路职业技术学院的“干什么学什么”的课程建设思路一样，学校的实验室、实训室的改造围绕实习进行，为实习服务。转移中心的部分设备每隔两三年就需要更新换代一次的特点，淘汰下来的设备充实到学校的实验、实训机构，对于学生了解工作流程、掌握基本操作规程等方面，具有逼真的意义。同时，学校主动提高实训车间或模拟场馆设备、设施的技术含量，增加尽可能与行业和技术发展水平一致的先进设备。

(2) 学校依据企业生产具有淡季、旺季的实际，实行柔性实习，采取实习“分段轮换、交替穿插、半工半读”来制订教学计划，站在了企业角度思考问题，为引进企业和校、企的长期合作探索了道路，找到了“企业用人不间断，学校教育不中断，实习教学不冲突”的途径。

(3) 选择设备、技术、人才、信息占有多种优势、能够适应多个专业实习且设备更新很快的企业作为校内实习公司建设的对象，对于学生能够及时接触到最为领先的设备、技术、观念和实现综合性实习，以及降低实习成本等方面具有重要意义。

(4) 采取先实训再实习的实践教学组织方式。由于学生在实习前除经过课堂专业知识的学习外，还经过了针对性很强的实训演练，学生很快就能够顺利完成由学生到员工的转变，大大降低了真实生产中的失误和废品率。这为使企业乐意接受学生实习铺平了道路。

五、设计研发型

案例：　　设计研发，小创意催生大产品

——顺德职业技术学院家具设计与制造实习基地的创设与运作

顺德职业技术学院地处享有“中国家具之都”的顺德区。该区家具产业拥有令全球家具行业羡慕的完整产业链，集聚着众多的生产、贸易型企业，如龙江镇的“中国家具制造重镇、中国家具材料之都”，乐从镇的“中国家具商贸之都”，伦教镇的“木工机械制造基地”，容桂镇的“涂料制造基地”，勒流镇的“家具五金制造基地”等。龙江镇就聚集了2 000多家家具生产企业，涌现出“斯蒂罗兰”、“优越豪庭”、“三有家具”等一大批生产高、中档家具的名牌家具企业。

顺德家具产业的长足发展，对高素质技术技能人才提出了持续、旺盛的需求，催生了家具设计与制作专业的产生，并为专业的发展提供了广阔的发展空间。当前，顺德的家具企业已走出初期的模仿阶段，正向品牌阶段迈进，正在由“顺德制造”走向“顺德创造”。随着顺德家具产业的不断升级和家具产业由“制造”向“创造”的转型，家具设计人才需求随之产生，建设品牌必须要有原创的设计。因此，企业对设计人才的需求日益突出。顺德家具协会会长陈伟恒说，现在很多企业都加大了对设计研发的投入，要建设自己的研发机构，这需要很多人才。

学校为适应当地经济发展的需要，以“起点高、体制新、有特色”来加强专业建设，加大培养设计型人才的力度，并于2003年建成了可容纳数百人同时进行家具制造的校内实习基地，购置了全套的现代化设备，建立了板式家具实习车间、实木家具实习车间、家具涂装实习车间等，并通过反映教师智慧的校园网学习资源、反映发展趋势的国际互联网学习资源和图书学习资源、实物学习资源、企业学习资源、团队学习资源形成了环境、实物、操作、信息获取、协作等立体化的学习体系。在实习的内容上，学校与乐从、龙江很多家具企业建立了合作关系，由企业提供原材料，由学生出创意、图纸，在校内实习基地从设计、开料、打磨、组合到油漆等，完成整个创意的实现，制造出完整的产品。对学生自行设计、亲手制作的产品，以成果展的形式在校园内展示，由相关企业进行评判，作为学生的考核成绩。这种展示，不仅是学生的一种答辩形式，也是企业录用人才的方式，同时也是企业新产品开发的来源之一。据统计，家具专业师生先后设计开发的20多件（套）新产品为顺德家具企业所采用并投放市场，有的作品获得中国家具设计大奖赛金奖“金斧奖”，广州国际家具展、全国家居设计展的创意设计奖等。

评价

(1) 这是一种研发型的校内生产性实习基地。研发的特点在于需要经过反复的试验、消耗大量的耗材才有可能出成果。研发型的实习基地最大的困难在于研发耗材的来源。顺德职业技术学校与家具企业合作，研发由企业提供材料，研发成果有优先享用权，研发者有优先录用权，由此，探索出了一条不需资金投入的研发道路。

(2) 紧密结合当地经济的发展，为当地经济的发展提供迫切需要的人才。这不但能够使得诸如研发耗材的问题得到解决，更主要的是培养了社会所需要的人才。在人才培养中，学校抛弃了死板的课堂灌输，采取“课堂学习”、“环境熏陶”、“生活体验”三位一体的多维人才培养途径。强化技能应用能力的培养，素质教育则通过“环境熏陶”、“生活体验”途径完成。对学生技能提出的要求是：①“懂工艺”。懂工艺是前提，作为未来的家具设计师首先要从理论上系统地了解家具生产过程中的工艺技术的知识，即对材料的发展、结构、制造工艺细节、制造手段（机加工、涂装）有充分了解和掌握。不懂得制造工艺是不可能产生出符合生产实际的设计方案。②“会制造”。设计是靠产品说话的，靠制作出来的产品来体现出设计的理念。因而，家具设计师应该是既会设计又会制作的复合型人才。③“能设计”。设计是家具的灵魂，是家具行业人才的最高体现。“懂工艺”、“会制造”、“能设计”的复合型人才，抓住了当地经济发展对人才的迫切需求。

(3) 培养家具设计、制造一条龙的专业人才，是高素质技术技能人才培养的主张。面对当前职业教育实践教学上的一些问题和倾向：“重理论、轻技能”、“重技能、轻人文”、“缺乏完整的、相对独立的实践教学课程体系”、“重校外、轻校内”、“重校内实验室训、轻真实岗位的实践”等偏颇现象，学校提出不能简单地培养技能人、半个人、机器人、工具人，而是要培养“完整的人”、高素质技术技能人才。单纯性地突出专业教育和技能训练，带有去人文、去人性的“工具化”倾向，应实行“三全”人才培养，即全程（设计、开料、打磨、组合、

油漆等全部过程）、全真（真实场所、真实设备、真实项目）、全面（知识、能力素质）来培养学生。学生校内校外实习相结合，“校内、校外实习三年不断线”，让学生在工艺中懂得原理，在制作中培养技能，在设计中和整个过程中，通过参观、搜集信息、生生交流、师生交流、师徒交流等形式的学习资源，培养学生的整体素质。

(4) 设计的物化和商品化，才能体现人才培养是否能够满足市场的需求。家具作为人类生活必需的器具，在现实生活中已经超越了实用功能的范围。现代生活中的家具精神层面的需求日益凸显，不同的消费人群可细化为年龄群、性格类、性别类、时尚类、传统类、特殊类等。综合素质和人文教育提高了家具设计层次，更能够从人性角度出发，反映未来市场的需求，使得设计方案定位的针对性更加准确。

设计的最终目的是得到市场的认可，实现设计方案价值转换。设计方案透射着的合理性和可实现性，它涉及文理的融合和宽泛的知识面。不能实现的设计方案是不合格的方案。在学生作品的展示过程中，许多家具企业家和专业人士在作品前参观拍照，并索要家具专业介绍及招生相关资料，询问有关情况和合作途径；不少热心的观众请求购买学生的家具设计作品；有更多的家具企业家看中了学生的设计创意，希望能够吸收学生加盟到企业设计师的队伍中去。

(5) 面向当地经济的发展，推进了课程建设。家具设计与制作专业的设置在国内同类学校中寥寥可数，属“冷门”专业，无教学大纲，无教学计划，无现成职校教材，堪称“三无”。学校依据就业市场的需求，通过向行家讨教、邀请顺德家具协会的专家到校，或亲自上门，一起探讨该专业的课程设置、课程内容和教学安排，推进了学校的课程建设。

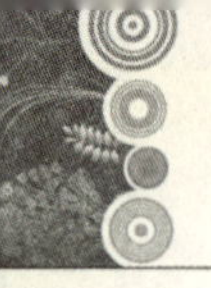

六、共建共享型

案例：　　　　共建共享，小营业部营造大氛围

——河源职业技术学院万绿湖旅行社大学城营业部营造教改大动作

近年来，河源职业技术学院旅游管理专业对校内实习基地建设的理论和实践进行了积极的探索，学校与河源万绿湖旅行社经双方协商，形成了建设方案，建立了具有真实职业氛围的万绿湖旅行社大学城营业部，为践行工学结合，实现教、学、做一体化奠定了坚实的基础。

在对待学校以满足培养高素质技能型人才的需要、企业以满足生产经营获取相应经济利益需要的关系上，校企双方协商选择了“共建共享”的方式。“共建共享”模式下的生产实习既能满足学校和企业各自的需求，同时又能规范各自的行为，真正实现双赢的目的。其实施方式包括以下内容：

（1）由学校提供场地和办公设备。学校提供了较好的门面场地作为旅行社营业部的营业场所，负责营业部的装修、办公设备的购置。另在营业部的隔壁建设了一间多媒体教室作为导游培训室。这样，学生可以在下课后马上就能到营业部上班，真正做到“教学做”一体化。

（2）由企业提供管理人员及资源。河源万绿湖旅行社选派了素质好、管理经验丰富的工作人员到营业部负责业务管理，并为营业部提供所有的经营管理资源，包括产品供应商、旅行社操作软件、旅游产品网店账号等。

（3）万绿湖旅行社大学城营业部的经营管理，采取以下方式：

① 学校选择一名骨干教师作为营业部校方负责人，主要职责是协助企业负责人做好学生实训的组织工作，并参与营业部的经营管理。在选择基地负责人问题上，学校考虑了三个方面条件：一是既要精通教学，又要熟悉旅行社经营管理；二是既要热心人才培养，又要富有经营

头脑；三是既要有开拓创新精神，又有踏实肯干的品质。

② 由合作企业实施统一管理。由于营业部不具备法人资格，为非独立核算单位，没有独立签订合同的权限，所以在双方协商的前提下，企业对营业部实行统一管理，即统一形象、统一管理、统一财务、统一接待。营业部的盈亏由校企双方共同承担，如果产生利润，则双方根据合同按比例分成。

③ 实施公司化管理。师生共同管理营业部。旅游管理专业的“旅行社经营与管理”、“旅游市场营销”、“旅行社计调业务”、“导游业务”等核心课程的任课教师都在营业部兼职，是各部门的主管，组织并指导学生实习；将全体学生分配到营业部的接待部、销售部、计调部、导游部等部门工作，学生具备了学校学生和企业准员工的双重身份。师生在校内生产性实习基地共同学习和成长。

（4）以营业部为依托，开展教学改革。旅行社营业部的运行，推动了以工作过程为导向的课程体系改革。依托旅行社营业部，学校与企业共同开发课程，按旅行社的工作流程和职业岗位要求设置课程体系，校企合作开发工学结合教材，展开了一系列的改革。

① 教学模式的改革。校内旅游实习公司基地为学生构建真实的职业环境和训练情境，学生在导游培训室上课，下课即到旅行社营业部上班或做导游带团，实现了课堂与实习地点的一体化，实施了教、学、做结合，工学交替的教学模式。

② 课程体系和教学内容的改革（见图 4－13）。依托旅行社营业部，学校开展了调查旅游企业工作岗位的能力需要和典型工作任务，分析工作岗位的能力、工作任务及其工作过程，以实际工作任务设计学习任务，以实际工作过程设计教学过程，突出学习任务的职业情境，保证了学生在校学习与实际工作的一致性，实现以真实的工作任务为载体设计教学过程，按照实际工作过程中的知识组织方式来组织课程教学内

容，将理论知识分散到各个项目中，知识的学习紧扣项目要求，并在实际工作项目实施过程中进行，将知识与工作任务联系起来，在工作过程中学习知识，又用知识指导工作任务的完成，强化学生职业技能的训练和知识的掌握，培养学生的职业素质。

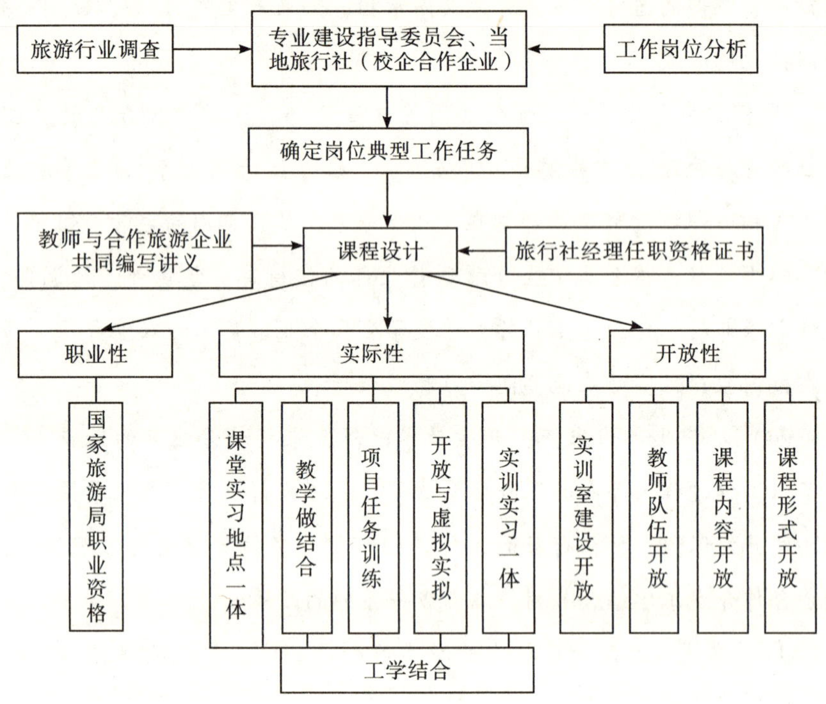

图 4－13　旅行社经营与管理课程标准开发思路

③ 考核方式的改革。学生学习成绩的考核结合完成工作任务的效果进行评定，在每门课的第一堂课，教师要向学生布置工作任务和每个教学项目的学习目标、学习时间和学习成果。课程结束时，教师主要根据学生在营业部的工作业绩对学生进行课程考核。

评价

多少年来，高职院校一直受到教材老化、教学内容脱离实际、教学方法陈旧、沿袭本科的教学模式、重理论传授轻实践教学的困惑。河源

职业技术学院与河源万绿湖旅行社在校内共建具有真实职业氛围的万绿湖旅行社大学城营业部，不仅较好地解决专业实践教学难的问题，而且以此推动了教学内容、教材、教学方法的全面改革，探索了教学改革的新途径，营造全校专业课程的教学改革的氛围，对于推动高职教育改革具有积极的意义和推广价值。

七、校企改造型

案例：　　校企改造，小变动搭建大舞台

——广东松山职业技术学院模拟实训基地的改造

广东松山职业技术学院其前身为韶钢职工大学。20 世纪 70 年代，国家曾把韶关作为华南重工业基地和广东战略后方来建设，建立起韶关钢铁厂、韶关冶炼厂等一批大型工业企业，在韶关建立广东重要的工业基地。1976 年 3 月，韶关钢铁厂韶钢职工大学成为含成人大专、中专、技工的学校。校内有校办工厂，主要从事韶钢设备维修备品备件的生产加工。2000 年 6 月学校改制，经广东省人民政府批准转制为独立设置的普通高等职业技术学院，隶属于广东省韶关钢铁集团有限公司。

2003 年学校开办了三年制数控技术应用专业。学校进行多方调研，开展了深层次的产学合作，制订了适合企业需求的数控技术应用高技能人才培养方案，并于 2006 年对该专业进行了全面的剖析，配备了实践能力强、业务水平高的教师担任专业教学与实训指导。

作为一所国有企业的高校，学校根据广东省政府提出的建设制造业大省和振兴广东教育事业的发展目标，将“依托企业，面向市场，植入经营理念，实现滚动发展”的办学思想在教育理念中加以融会。学校利用企业办校天生与企业有着良好的“亲缘”关系，开展产学合作、人才培养模式改革。首先，专门成立了学校数控技术应用专业建设指导委员会，优化了校办工厂的职能，将原来为主管企业韶钢服务和解决系统内职工家属就业为主的校办工厂，升级改造，把产业经营思想植入其中，探索“产学结合”、“校企结合”、“前校后厂”的人才培养方式与途径。经过升级改造，建成为拥有建筑面积为3 038平方米、含有1 868平方米的金工车间和11个实验实训室的具有独立法人资格校内企业，并于2008年改造升级为工业中心，内含一个生产实习工厂。

学校强调资源配置的先导作用，利用实习工厂设备优势，挖掘实习工厂潜力，积极面向社会、扩大生产。在提高效益的同时，通过：①改造、升级实习工厂的设备，构建有利于学生技能培养与提高的仿真或真实的职业训练环境；②发挥实习工厂设备与人员优势，升级实习项目与内容，加强数控操作技能训练；③加强产学结合，依照企业现场技术标准，探索“工学结合、半工半读”等技术技能人才培养的新途径；④挖掘实习工厂的潜力，探索“产学结合”、“前校后厂”运作模式，使实习工厂在保证实践教学的同时，最大限度地创造经济效益，实现实习工厂的自身滚动发展。

到目前，实习工厂有员工10名，设备510台/套，一次可同时提供720个实习岗位，主要由学生通过实习进行对外生产，完成对外订单，指导教师和工厂的员工在其中以管理者、示范指导者和接受订单维持日常运转的身份出现，2010年营业额达到1 175万元。其轴承产品已在生产行业内具有较高的知名度。

实习工厂在管理上，由学校指导、监督实习工厂的运作，具体管理部门为教务处实训科。实习工厂的运行具有相对的独立性，其日常运作财务由学校财务部门兼管，进行独立的成本核算。其组织架构如图4－14所示。

通过数年的探索和实践，学校进一步明确了适应高职教育发展要求的办学指导思想，确立了服从和服务于经济与社会发展的学校定位和发展规划，狠抓质量和特色建设，践行办学体制和模式创新，丰富高职教育的内涵。

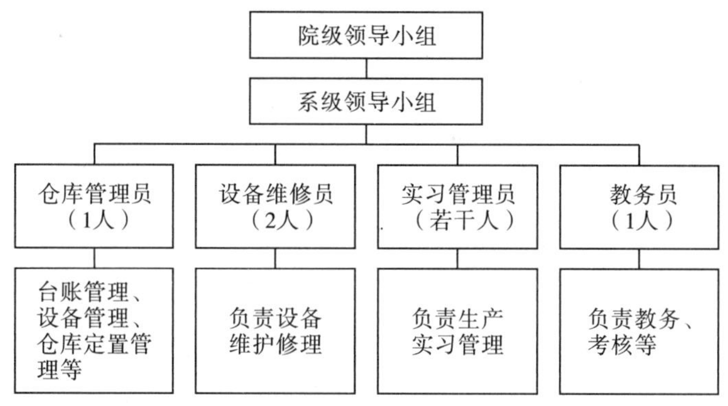

图 4－14 组织架构

截至 2012 年，基地建设将达到如下目标：实习工厂的建筑面积扩建到 8 000 平方米，设备总值 1 280 万元，场室 20 个，能满足 1 500 个岗位的实习需要；进一步提高师资队伍的整体水平，人才培养规模不断扩大，培养质量及效果显著；建设成为运作顺畅、管理有效、共享性强、辐射面广，集教学、科研、培训、技能鉴定、生产实习、技术开发和服务于一体的高素质技术技能人才培养基地，将数控技术应用专业建设成为广东省高职高专教育示范性专业。

评价

从我国校办工厂的历史演进来看，校办工厂大致经历了如下几个阶段：

第一阶段：新中国成立初期，以机构运转的经济保障为目的生产时期。为了克服经费困难，响应政府业余生产的号召，一些具备条件的高校利用现有工厂及实验室设备，组织师生员工利用业余时间从事工农业的生产。生产委员会是负责生产的组织和实施的经济实体组织。到 1952 年下半年，全国经济状况出现了好转，并随着向苏联学习的“院系调整”，根据中央人民政府教育部的文件精神，学校的工农业生产机

构大都停止了运转。这一阶段师生在校办工厂的生产活动，不是以教学实践为目的的，而主要的是在为机构运转提供经济保障中起辅助作用。学生虽然在生产实践中得到了能力方面的锻炼，提升了技能素质，但是，尚不属于有目的性的专业教学活动，而且计划经济下也不可能形成市场观念和现代竞争意识。

第二阶段：1958 年至 20 世纪 70 年代末，以育人为目的的生产时期。1958 年 3 月，中央提出了“教育必须为无产阶级政治服务，必须与生产劳动相结合”的教育方针。学校也提出了“要把学校建成教学、生产、科学研究三者结合的共产主义先进基地”的口号，并安排学生到工厂进行勤工俭学和半工半读活动。这一时期，校内新建、扩建了不少工厂、车间、设计院、工程公司等，生产出了不少产品。这一时期师生在校办工厂的生产活动是以育人为目的的，课堂教学与生产经营也是紧密联系的。在运行上，由于受着计划体制的左右，其运行机制包括人员编制、管理模式等方面，采用的是事业单位管理办法。“文革”期间，虽然高校的办学体系受到破坏，处于停课状态，但校办产业却得到了畸形发展，阻碍了学生的知识与技能的协调发展。

第三阶段：20 世纪 80 年代初至 21 世纪初，以创收及服务社会为主要目的的生产时期。20 世纪 80 年代，在改革开放的大背景下，我国的高等教育进入了一个快速发展阶段。伴随着全民经商大潮，高校传统产业的校办工厂，其产品结构和运营机制开始调整和转换，逐步走向社会化，变为经营承包、自负盈亏的经济实体。在这一时期，这种机构的目的是以创收和服务社会为主的。在管理体制上，与学校的关系也是比较松散的。为了保证在激烈的市场竞争中获胜，在生产与实习的问题上，二者结合出现了不够紧密的状况。从整体上看，学生实践机会减少了，理论教学的时间却增多了。

第四阶段：21 世纪初至今，探索各种形式的工学结合，以培养有

知识、有技能的学生，实现学生零距离上岗为目的的时期。

从历史上看，校办工厂在高校具有普遍性，而且具有一定的基础，包括场地、设备等。在功能和目的上，有相当部分的校办工厂在某一历史时期还兼有解决职工家属就业的职能。广东松山职业技术学院在韶钢职工大学时期就建有自己的校办工厂。在原有校办工厂的基础上进行改造，不但可以继承原有的场地、设备，减轻了白手起家的压力，而且在技术方面也可以承接原有的技术力量，避免了向社会企业引进技术人员的困难。广东松山职业技术学院，在原有主要为系统内韶钢服务的性质，升级改造为面向社会、接受学生实习的生产性实习基地。由带有“计划性”生产的色彩，转向了“市场性”的生产经营行为。学生在其中不仅可以学到操作技术和实践知识，感受到真实生产的环境，而且还能感受到市场的氛围。

八、社会服务型

案例：　　　　服务社会，小空间成就大作为

——广东农工商职业技术学院和广东轻工职业技术学院工作室的运作

依据课程和服务社会的需要，广东农工商职业技术学院、广东轻工职业技术学院以专业授课教师为指导，由学生为成员，开设了空间设计工作室、数码工作室、产品设计工作室、广告设计工作室、动漫工作室等多个工作室。广东轻工职业技术学院成立了艺术设计等数个工作室。

工作室相对于其他实习公司而言，一般不是面对专业而是面对课程开办的，是由专业任课教师依据自己所开设的课程开办相应的工作室，带领学生服务社会，完成社会订单。

工作室一般不需要较大的投入，空间也比较小，但在面向社会服务的过程中，也需要涉及诸多细节。广东农工商职业技术学院的好色空间设计工作室，2010 年承接广州时代广场 5 000 平方米专卖店设计及施工项目，由教师指导为主完成；涂鸦设计工作室，在校期间承接了数十个企业的订单，为企业提供设计方案。学生在工作室得到了技能上的锻炼，部分同学毕业后，自主创业开设创意设计公司。

此外，在工作室完成订单、施工的过程中，师生们不断发现市场需求，并依据市场需求更新、完善教学内容。陈国辉老师依据市场需要首个在国内高校开设了“专卖店设计”课程，并编写了与市场需求相吻合的讲义、教材。

广东轻工职业技术学院的设计学院拥有视觉传达设计学部、工业设计学部、环境艺术设计学部、装饰艺术设计学部、服装设计学部，下设广告设计、装潢艺术设计、多媒体设计与制作、产品设计、环境艺术设计、服装设计、装饰艺术设计、艺术设计（动画设计方向、玩具设计方向、旅游纪念品设计方向、展示设计方向、景观设计方向）12 个专业及专业方向。专业课任教师开有公司或工作室，对外承揽业务，学生在教师的工作室内完成实际的订单。教师以导师的身份以实际的订单如同带研究生一样，培养学生社会所需要的实际技能。

评价

（1）工作室为学生实习提供了实习项目的保证。

（2）工作室是教师在自己专业基础上建立起来的，与教师所授课程和社会所需技能密切相连。能够完美地实现“教学做一体”。

（3）工作室的教师在学校是授课的教师，在社会上是某一领域行家、专家甚至权威。工作室承揽的项目和教师传授的技能不但具有实用性，而且具有较高的技术含量。

（4）工作室与行业协会、标杆企业等都有密切的联系，行业内能工巧匠部分参与了专业教学指导委员会的工作，这使得工作室和实习生能够及时地接触到行业发展的新动态、新信息。

（5）实习生在工作室可以得到“理论、辅导、设计”各方面的学习和训练，采取的是师傅带徒弟、工学交替的方式，融教、学、做于一体。

第五章
基于校内实习公司的高职院校学生职业素质培养效果与评估

基于校内实习公司的实践教学是对高职院校实践教学模式的一种创新尝试，其效果如何，从教育研究的逻辑看，应该予以检测和验证。由于实践教学模式的培养取向是学生职业素质，而职业素质主要体现在职业思维、职业成熟度、择业效能感以及就业质量等方面。这是一个涉及实证研究的庞大工程。限于资源和精力，这里只做出初步探讨。

第一节　职业实践教学模式对大学生职业成熟度及择业效能感的影响分析

职业实践教学是指以培养学生职业岗位实践知识与适应能力为目标的教学。这是高职院校实践教学的核心环节，也是决定高职教育人才培养质量的关键所在。根据美国阿拉斯加州教育行政部门颁布的《前就业能力知识指南》（Pre-employment Competencies Resource Guide，1987），职业实践教学目标的达成，应体现在学生前就业力（Pre-employment Competence），包括职业思维（详细探讨于本章第二节，本节暂略）、职业成熟度、择业效能感等方面的提高。

职业成熟度这一最早由美国职业指导专家舒泊（Super，1955）提出的术语，用于描述个体在从探索到衰退的职业生涯发展连续体上所到达的位置。随后经克莱兹（Crites，1973）等的进一步推进，其含义有所演变，意指“个人掌握与其职业发展阶段相适应的职业发展目标的程度，包括知识和态度成分”。从其内涵可以看出，职业成熟度对理解个体职业行为起着关键的作用。一个人若能根据自己的心理特点与职业的要求进行理性分析，将二者进行合理而科学的匹配，进而做出职业选择，同时又采取客观可行的措施，以最终获得职业，这样的理性职业行为，可谓之职业成熟度高；反之则低。

由于择业是大学生就业、走向职业生涯的重要环节，直接影响着未来职业生涯的发展和职业目标的实现，因此有关择业行为的研究日益受到人们的重视。有研究认为，择业行为与自信心、自尊、自我评价等密切相关。自信心强者，其择业行为较为积极、主动。类似自信心这种个体对自己是否有能力完成某事所进行的推测与判断，美国心理学家班图拉称之为自我效能感。根据班图拉的自我效能感理论，即便人的行为没有对自己产生强化，但由于人对行为结果所能带来的功效产生期望，也可能会主动地从事之。将自我效能感理论运用到对择业行为的解释，便可引申出择业效能感这一概念，其意指个体对实现与择业相关任务所需能力的自我知觉。

择业效能感连同职业成熟度在个体的职业选择、维持乃至职业成就中，扮演着重要的角色。在某种意义上说，择业效能感和职业成熟度比实际从事某种职业的能力更为重要。择业效能感和职业成熟度的高低直接或者间接地影响着个体的职业选择。研究认为，低择业效能感和低职业成熟度会阻碍个体的职业探索行为和职业技能的发展；高择业效能感和职业成熟度则促进个体职业探索性和职业技能的发展，提高职业选择的合理性。

目前，人们研究的焦点集中在职业成熟度和择业效能感对择业和职业生涯发展的影响上，但很少涉及职业实践教学在职业成熟度和择业效能感发展上的作用方面。这里将着重探讨基于校内实习公司所实施的职

业实践教学对职业成熟度和择业效能感发展的影响。

一、职业实践教学实验对象和操作变量

（一）实验教学对象与变量

从广州地区一所建立了校内实习公司的高职院校中，抽选能够参加校内实习公司实习达一个学期以上时间的学生作为实验教学对象组。初选被试226人，最终确定在校内实习公司实习时间达到一个学期以上的只有71人。对照组学生为相同类型院校同专业同年级未参加校内实习公司实习的学生，初选120人，实际得到有效调查数据的被试人数为105名。

实验教学操作变量，即基于校内实习公司实践教学的实施，共一个教学操作变量。其操作定义见“实践教学的计划与实施”部分。因变量为学生职业成熟度和择业效能感水平，分别选用《职业成熟度问卷》和《择业效能感问卷》予以确定，详见“教学效果评价工具与使用”部分。

（二）组建校内实习公司

当前，国内高职教育普遍存在这样的困境，即：很少有社会企业真正愿意配合高职院校，依照高职教育人才培养规律的要求对学生实施实践教学，而校内传统的模拟实践教学又缺乏真正的企业工作情境。针对这样的现实困境，我们采取组建校内实习公司的方法来予以克服。校内实习公司是仿照现代企业制度，以股份制形式建立起来的生产、经营与服务实体机构，由学校注入一定份额资金控股举办，并设立有基层教学单位负责人参与的公司董事会，进行宏观管理。为解决经营许可权和注资合法性问题，所有校内实习公司采取挂靠校办产业集团公司的做法；学校注资部分从教学经费列支。校内实习公司的核心管理人员由公司董事会聘任，除少数关键技术岗位人员面向社会招聘外，其他绝大多数岗

位工作人员全部根据实践教学的需要，面向校内相关专业在校学生招聘。各岗位工作人员的招聘实行基层教学组织推荐与公开报名相结合的方式进行，目的在于保证公司的实践教育教学功能。

校内实习公司的运作采取市场化与教育化相结合的方式。一方面，校内实习公司严格按照社会生产、经营与服务公司的要求建立各项管理规章制度，面向校内外从事一定的生产、经营与服务业务，适度营利，所得利润用于支付公司人员的适度劳务报酬及其他营运开支。另一方面，校内实习公司必须以服务校内相关专业实践教学为宗旨，其业务范围和岗位设置由学校相关基层教学组织参与确定。基层教学组织负责派遣专业教师进行指导管理，并按教学计划推荐相关专业学生分批轮流到实习公司进行专业实习。总体上实行在专业教师指导下的学生自主经营、自行管理、自我服务、自负盈亏的管理模式。

（三）实践教学的计划与实施

按照人才培养方案的要求，制定相应的专业实践课程教学大纲。实践教学大纲除像传统实践教学大纲那样，按照社会职业岗位的要求规范实践教学任务、内容和教学进度外，还重点突出社会职业工作思维与方法的培训，有目的、有计划地培养学生应对复杂职业工作情境，创造性地解决职业岗位工作难题的方法和技巧。

（四）教学效果评价工具与使用

为提高评价工作的效率、增强评价结果的客观性，本文采用《职业成熟度问卷》和《择业效能感问卷》来对学生进行评估。其中，《职业成熟度问卷》为台湾学者孙仲山于 2001 年在前人量表的基础上修订出版的。该问卷共有 51 个评分条目，包括信息应用、职业认知、自我认知、个人调试、职业态度、价值观念、职业选择、条件评估等 8 个方面。该测验的内部一致性系数在 0.80 左右，各分测验之间的相关系数也较高。《择业效能感问卷》是我国学者彭永新、龙立荣等根据

CDMSES 修订编制的，包含有 5 个维度：自我评价，收集信息，选择目标，制订计划，问题解决。该量表的内部一致性系数为 0.94，信度比较高。

评价方法是将问卷发给学生，要求其在规定时间内回答完成后返回。数据收集后采用 SPSS 统计软件辅助处理。

二、实践教学实验结果对比分析

考虑到实验组和对照组取样于不同的总体，因此选择独立样本 t 检验公式来对两组均值的差异显著性进行检验。又由于两组样本总体分布的方差齐性未知，因此先用 Levene 检验来对其方差齐性进行检验，以确定 t 检验公式的选择。从 Levene 检验对两组样本在各个维度因子上的得分总体方差齐性检验结果（判断依据是 $P<0.05$）可以看出，实验组和对照组职业成熟度得分统计及均值差异 t 检验结果（见表 5－1）。

表 5－1 中可以看出，除了职业认知和条件评估不满足方差齐性条件外，其余各个分量表及总量表的均值得分总体方差都满足方差齐性条件。对于不满足方差齐性的两个分量表得分均值的差异显著性水平，不能直接选取 t 检验的结果来衡量，而是选取了 SPSS 统计软件内置的另一检验公式的检验结果来衡量。

从表 5－1 可以看出，参加校内实习公司实践教学的学生在职业成熟度总平均分及职业认知、自我认知、职业态度、价值观念、职业选择和条件评估上的平均得分，都显著或非常显著高于对照组（显著性水平 $P<0.01$ 或 $P<0.05$）。实验组学生只有信息应用和个人调试的得分与对照组差异不显著（显著性水平值 $P>0.05$）。这显示信息应用和个人调试受校内实习公司实践教学影响不大。但从总体上看，校内实习公司对实习学生所实施的职业实践教育，的确有利于其职业成熟度的提高。

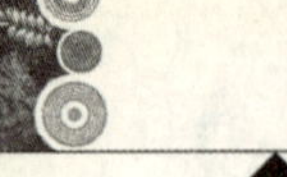

表 5 - 1　实验组和对照组职业成熟度得分统计及均值差异 t 检验结果

维度因子	组别	人数	均值	标准差	Levene 检验方差齐性结果	t 值	自由度 df	显著性 P 值（双侧）
职业成熟度	实验组	71	3.435 9	0.394 73	方差相等	2.427	174	0.016
	对照组	105	3.309 8	0.293 80				
信息应用	实验组	71	3.413 1	0.642 33	方差相等	-0.282	174	0.778
	对照组	105	3.439 4	0.578 68				
职业认知	实验组	71	3.222 1	0.638 32	方差不相等	2.959	144.274	0.004
	对照组	105	3.237 1	0.562 03				
自我认知	实验组	71	3.528 2	0.528 54	方差相等	3.940	174	0.000
	对照组	105	3.232 7	0.458 79				
个人调试	实验组	71	3.206 1	0.574 55	方差相等	-1.233	174	0.219
	对照组	105	3.317 1	0.593 74				
职业态度	实验组	71	3.689 2	0.709 43	方差相等	3.424	174	0.001
	对照组	105	3.309 5	0.729 94				
价值观念	实验组	71	3.621 1	0.502 76	方差相等	3.108	174	0.002
	对照组	105	3.399 8	0.434 88				
职业选择	实验组	71	3.359 8	0.568 00	方差相等	2.994	174	0.003
	对照组	105	3.107 5	0.535 18				
条件评估	实验组	71	3.434 9	0.390 44	方差不相等	2.295	120.852	0.023
	对照组	105	3.430 2	0.357 79				

表 5 - 2 列出了实验组和对照组择业效能感得分统计及均值差异 t 检验结果。从表 5 - 2 中可以看出，除了问题解决分量表得分不满足方差齐性条件外，其余各个分量表及总量表的均值得分总体方差都满足方差齐性条件。对于不满足方差齐性的两个分量表得分均值的差异显著性水平，不能直接选取 t 检验的结果来衡量，而是选取了 SPSS 统计软件内置的另一检验公式的检验结果来衡量。

表 5－2 实验组和对照组择业效能感得分统计及均值差异 t 检验结果

维度因子	组别	人数	均值	标准差	Levene 检验方差齐性结果	t 值	自由度 df	显著性 P 值（双侧）
择业效能感	实验组	71	3.66	0.487	方差相等	2.742	174	0.019
	对照组	105	3.45	0.478				
自我评价	实验组	71	3.72	0.585	方差相等	2.398	174	0.018
	对照组	105	3.56	0.568				
收集信息	实验组	71	3.56	0.521	方差相等	1.427	174	0.156
	对照组	105	3.39	0.618				
目标筛选	实验组	71	3.61	0.646	方差相等	1.309	174	0.192
	对照组	105	3.46	0.586				
制订计划	实验组	71	3.72	0.637	方差相等	3.433	174	0.001
	对照组	105	3.33	0.599				
问题解决	实验组	71	3.69	0.645	方差不相等	2.061	56.215	0.048
	对照组	105	3.50	0.516				

从表 5－2 可以看出，参加校内实习公司实践教学的学生在择业效能感总平均分及自我评价、制订计划和问题解决上的平均得分，都显著或非常显著高于对照组（显著性水平 $P<0.01$ 或 $P<0.05$）。实验组学生只有收集信息和目标筛选的得分与对照组差异不显著（显著性水平值 $P>0.05$）。这显示收集信息和目标筛选受校内实习公司实践教学影响不大。但从总体上看，校内实习公司对实习学生所实施的职业实践教育，的确有利于其择业效能感的提高。

表 5－3 列出的是学生在校内实习公司实践时间长短与职业成熟度得分之间的相关关系统计结果，表 5－4 列出的是学生在校内实习公司实践时间长短与择业效能感得分之间的相关关系统计结果。两张表上的实践时间的长短是通过以下询问条目确定的，即：

您在校期间曾在校内实习公司实习时间的长度是：

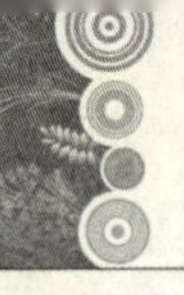

A. 从未参加　B. 2个月以内　C. 3~6个月　D. 6~12个月

E. 1年以上

根据回答结果，从A~E分别赋值1~5分。经用SPSS统计软件进行Pearson相关公式运算，求得学生在校内实习公司实践时间的长短与职业成熟度总量表及各分量表得分均值之间的相关性系数，同时还给出了各相关系数显著性的水平。

表5-3　学生在校内实习公司实践时间长短与职业成熟度得分之间的相关关系统计结果

分量表名称	人数/人	Pearson 相关性系数	显著性水平（双侧）
信息应用	226	0.065	0.473
职业认知	226	0.160	0.047
自我认知	226	0.360**	0.000
个人调试	226	-0.078	0.386
职业态度	226	0.265**	0.003
价值观念	226	0.227*	0.011
职业选择	226	0.341**	0.000
条件评估	226	0.153	0.049
职业成熟度	226	0.280**	0.001

从表5-3可以看出，学生在校内实习公司实践时间长短与职业成熟度总量表及自我认知、职业认知、职业态度、职业选择价值观念和条件评估得分均值之间存在一定程度的相关，并且其相关系数分别达到了显著或非常的水平（判断依据是显著性水平 $P<0.05$ 或 $P<0.01$）。但与信息应用及个人调试得分均值之间不存在显著相关。由于相关系数的值最高仅为0.36，这显示两者之间的相关属于中等水平，因此可以认为学生在校内实习公司实践时间的长短与职业成熟度之间存在一定的相关关系。

同样，从表5-4可以看出，学生在校内实习公司实践时间长短与择业效能感总量表及自我评价、目标筛选和制订计划得分均值之间存在

一定程度的相关，并且其相关系数分别达到了显著或非常的水平（判断依据是显著性水平 $P<0.05$ 或 $P<0.01$）。但与收集信息、问题解决分量表得分均值之间不存在显著相关。由于相关系数的值最高仅为0.203，这显示两者之间的相关属于中低级，因此，可以认为学生在校内实习公司实践时间的长短与择业效能感之间也存在一定的相关关系。

表5-4 学生在校内实习公司实践时间长短与择业效能感得分之间的相关关系统计结果

分量表名称	人数	Pearson 相关性系数	显著性水平（双侧）
自我评价	226	0.148*	0.012
收集信息	226	0.043	0.461
目标筛选	226	0.121*	0.040
制订计划	226	0.203**	0.001
问题解决	226	0.073	0.216
择业效能感	226	0.189**	0.001

三、基于校内实习公司的实践教学有利于学生职业成熟度和择业效能感的提高

从前面的相关关系分析结果得知，基于校内实习公司的职业实践教学与学生职业成熟度、择业效能感之间存在一定的相关关系。具体表现为学生在校内实习公司实习时间越长，其职业成熟度水平和择业效能感水平越高。这是否可以进一步推测，基于校内实习公司所开展的实践教学有利于学生职业成熟度和择业效能感水平的提高呢？就本文所做的实践教学实验对比结果来看，此推测是得到肯定的。对比实验研究结果显示，当学生在校内实习公司的实习时间达到或超过一个学期之后，他们的职业成熟度水平和择业效能感水平都明显高于那些从未在校内实习公司实习过的学生。由此可以认为，实践教学模式与学生职业成熟度和择业效能感之间存在一定的因果关系。

为什么基于校内实习公司的实践教学在提高学生职业成熟度和择业

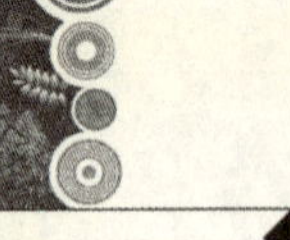

效能感方面，能产生较好的教学效果？这可从两个方面来解释。

其一，缘于比较优势。基于校内实习公司的实践教学，由于利于校方实践教学主导者的主导，实践教学的内容和进程能受到相对严格的监控，使得实践教学内容较为丰富。与之相比较，那些不是基于校内实习公司的实践教学，由于教学内容和进程难以受到教师的监控，使得实践教学流于形式或“放羊”，学生得不到真正意义上的职业实践。所以，基于校内实习公司的职业实践教学在提高学生职业成熟度和择业效能感方面产生较好的效果。

其二，缘于方法的改进和有效性，即基于校内实习公司的实践教学，在教学内容、教学方法和形式上更符合学生职业心理发展的规律，有利于促进学生职业成熟和择业效能感的提高。由于基于校内实习公司的实践教学，既能提供真实的职业岗位工作情境，又有教师的系统指导，这有利于学生系统地历练各种职业岗位工作情境，掌握应对复杂情境的实践知识、技能和规律，由此而增强自信心和对职业岗位工作情境的掌控感，使择业效能感得以提升。同时，对职业岗位情境的系统历练，也有利于促进学生对职业自我的认识、反思和调节，实现职业自我与职业现实的统一，从而提高职业的成熟度。这一点，与职业心理学已有的理论研究结论是相吻合的。

第二节　实践教学模式对大学生整合思维发展的影响分析

整合思维是指人们在面对有关自己、他人乃至世界的多种可能存在冲突的模式时，做出明智而又快速抉择与行动计划的思维活动能力。加拿大著名整合思维学者罗杰·马丁（Roger Martin）在其作为哈佛商学院经济管理类系列丛书之一的《整合思维》中指出，整合思维用于指

称这样的思维现象，即面对相互冲突甚至对立的模式时不是简单地进行选择，而是能够进行建设性的思考，创造性地解决它们之间的冲突，形成一个既包含已有模式的某些成分，但又优于已有模式的新模式。整合思维属于思维发展的较高形态，是支撑人们从事各种整合实践活动的主要心理资源。它在帮助个体应对日常生活、学习和职业工作中的复杂情境、有效解决职业工作抉择、增强绩效等方面具有重要的价值。

美国心理学家拉波维维夫（Labouvie－Vief，2000）认为，人到青年期之后，思维发展将从形式运算向“变通性”转变。具体表现为，由于能意识到现实生活中的各种条件及限制，当面临的现实情况错综复杂的时候，不再严格按照逻辑法则进行推演，而是根据问题情境进行具体的和实用的分析和思考。这是思维的一种整合形态，也是分析问题和解决问题的新策略。这种被建构主义心理学称为“后形式相对—辩证思维”的成年人整合思维模式，有个突出的特征就是理论知识与实践知识的整合。其发生的原因在于：人到了成年时期，将带着社会生活和新扩展的角色投入到工作生活中；原有基于逻辑推理的因果思维被理解成某种应用有限的东西。在日常生活中，问题情境可能需要根据实践经验做出不同的解决。此时，专业知识和具体问题具体分析化在思维模式中会得到认可。形式运算思维被认为是只适应于解决有明确界限逻辑问题的工具，对于缺少明确界限的更广泛问题则需要另觅他途来解决。整合思维发展的这一特点，也得到了来自哲学心理学研究的支持。根据凯茄纳（Kitchener，2006）等的研究，人的思维发展到了成年之后变得越来越复杂、分化和整合，其认知发展的任务在于使主、客观认识诸方面最终达到协调和平衡。因此，认识发展的最高成就不仅仅是批判性地评价各种观点，而且还要从中形成富有意义的自我关联的结论。不仅如此，正如库恩和威恩斯托克（Kuhn & Weinstock，2002）所认为的那样，对于进入社会职业工作岗位者而言，其工作能力和创新能力越强，越需要有

显性的专业知识与从实践中习得的内隐经验知识的联合支撑。换言之，人的职业工作经验越丰富，越需要有更多的专业性理论知识同隐性的经验实用知识整合在一起。根据巴瑞特和斯堪达马列（Bereiter & Scardamalia，1993）的观点，拥有专业知识的人能够基于内隐经验知识，在复杂、矛盾的情境中做出准确的判断和行为选择。一般认为，整合思维能力强者能通过整合思维的方式，在面临混乱无序而又复杂的紧张情境中有效地将自己与他人乃至世界发生相互作用，使彼此孤立的知识结构和行为模式整合成一个独特的行动计划，并由此促进个人职业生涯的发展。因此，投身于社会职业工作者务必寻求机会使自己从实践中习得经验知识，并与理论知识发生整合。只有这样，才能使人变得聪敏、睿智，成为职场的成功者。

整合思维虽然主要发生于具有形式运算思维能力的青年期之后，但这并不意味着它是基于先天遗传顺序自然成熟的结果，而是与后天的培养教育密切相关的。对于这一点，罗杰·马丁教授给出了一种较好的说明：人们能够容纳两种对立想法的思辨头脑，通过权衡设法找到优于两者的新思路的能力是与生俱来的，但是头脑的这种思辨能力也可以通过后天训练而获得。正是有着类似这样的信念，教育者们纷纷尝试用不同的教育教学方式来培养学生的整合思维能力。美国哈佛商学院的案例教学模式算是较早进行这种教育尝试的例子。其主要方法是，通过呈现系列的企业经营管理真实案例（每个案例提供企业组织所面临的问题及情境事实描述），组织学生进行课堂讨论，要他们根据案例中给出的信息做出决策，并提出适当的行动方案，让学生在想象中历练真实的企业经营管理情境和角色行为活动，以引发他们对整合思维的运作操练，从而达到培养整合思维能力的目的。

哈佛案例教学法对培养学生整合思维能力有一定的效果，但不是最佳的。这在马休·J. 柯勒（Matthew J. Koehler，2004）等所做的对比培

养模式中得到检验。柯勒等采用一种称为 PANTEON（Applied Project of New Technologies for On-Line Case Studies：在线案例学习新技术应用工程）的教学模式，与传统的哈佛案例教学模式进行教学实验对比。经过为期一个学期的分组对照教学之后，他们又采用美国爱荷华州大学教育系开发的整合思维评价量表，分别对两组学生进行评价。这份评估量表包含建立联系、规划设想、分析、评价、综合、问题解决、决策、实施行动方案设想等 8 个方面。结果发现，PANTEON 模式在培养学生整合思维能力方面明显优于传统的哈佛案例教学模式，具体表现为实施 PANTEON 模式教学组的学生在建立联系、规划设想、分析、评价、综合、问题解决、决策、实施行动方案设想等 8 个方面提高的成绩均显著高于实施哈佛案例教学模式组学生的成绩。值得指出的是，PANTEON 模式只是利用计算机网络多媒体信息呈现和在线互动技术，增强了教学案例信息呈现的丰富性和虚拟社区互动交流性。从本质上说，它仅仅是对真实工作情境的模拟，而不是职场情境本身。可以说，这种模拟的职业工作情境，比起真实的职场情境来，无论是情境的复杂程度还是在给予学生的职业心理体验方面，都难以企及。因此，笔者认为，尽管 PANTEON 模式在提高学生整合思维方面，相较于传统的哈佛案例教学有明显的优势，但也有待于改善。

正如前面所提及的那样，整合思维主要发生于拥有专业知识和职场经验的青年期之后，这意味着整合思维的培养离不开真实职场工作实践的历练。因此，如何营造拥有真实职场工作情境的教育教学场景来培养学生的整合思维能力，就成为我们教学模式创新的关键。基于上述思路，本文尝试一种通过建立校内实习公司，培养学生整合思维的教学实验。

一、实验教学的实施与效果评价框架

（一）实验教学对象与变量

从广州地区一所建立了校内实习公司的高职院校中，抽选能够参加校内实习公司实习达一个学期以上时间的学生作为实验教学对象组。初选 110 人，实际得到有效被试 94 人。对照组学生为相同类型院校同专业同年级未参加校内实习公司实习的学生，初选 226 人，实际得到有效调查数据的被试人数为 201 名。

实验教学操作变量即基于校内实习公司实践教学的实施，共一个教学操纵变量，其操作定义见以下内容“实践教学的计划与实施”。因变量为学生整合思维水平，选用《整合思维评价问卷（普通版）》予以确定（详见以下内容“教学效果评价工具与使用”）。

（二）实践教学的计划与实施

按照人才培养方案的要求，制定相应的专业实践课程教学大纲。实践教学大纲除像传统实践教学大纲那样，按照社会职业岗位的要求规范实践教学任务、内容和教学进度外，还重点突出社会职业工作思维与方法的培训，有目的、有计划地培养学生应对复杂职业工作情境、创造性地解决职业岗位工作难题的方法和技巧。具体内容包括以下几个方面：

（1）工作聚焦技能：学会确定工作议题、设定工作目标的方法与技巧。

（2）工作信息收集技能：学会根据岗位工作的需要进行现场观察和提出建议的方法与技巧。

（3）工作组织技能：学会识别岗位工作的各种情境因素及对其进行比较、分级、分类和表征的方法与技巧。

（4）工作分析技能：学会识别岗位工作属性和构成要素、确定岗位工作之间的关系和模式、确定公司经营理念和他人观点、识别错误等

方法与技巧。

（5）工作创新技能：学会对工作情境中的各种关系进行推断、预测和详细阐述的方法与技巧。

（6）工作综合技能：学会对岗位工作进行总结和整体构建的方法和技巧。

（7）工作评估技能：学会确立岗位工作质量评估标准和评价的方法与技巧。

以上所列实践教学内容，要求学生在实习期间，通过小组讨论、独立思考等方式，由实习指导教师监督完成，并以实习日记、实习报告的形式呈交作业。实习指导教师对学生提交的实习作业、效果予以检查评价和指导。

（三）教学效果评价工具与使用

本文采用《整合思维评价问卷（普通版）》来对学生进行评估。该问卷量表是根据加拿大多伦多大学马丁教授关于整合思维的结构分析，在美国爱荷华州大学教育系开发的整合思维评价量表编制的基础上，通过对104个自陈问卷条目进行测试筛选和主成分因子分析得出的。有学术版和普通版两个版本。学术版适用于学术研究类职业技术人员及培养研究型、工程型人才高校学生的整合思维评估；普通版适合非学术职业人员及高职院校学生的整合思维评估，普通版由65个自陈问卷条目组成，这65个条目分别代表批判性倾向、辩证倾向、理性权衡方法和理性综合方法4个维度。其中批判性倾向维度又包含自信心、认知成熟度、逻辑倾向、求真性与开放性5个因子；辩证倾向维度包含普遍联系性和对立统一性2个因子；理性权衡方法维度包含量化分析方法、比较分析方法、评价分析方法3个因子；理性综合方法维度包含对立联想方法、协调方法、组合方法和系统性4个因子。学术版除增加了归纳与外展推理方法因子外，其余因子结构与普通版相同。两个版本的信度都比

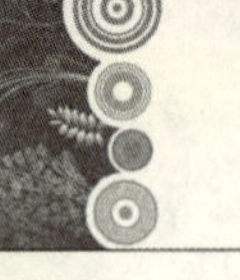

较高。其中普通版的内部一致性信度系数（α）为0.92，4个维度（分量表）的α系数为0.76到0.88不等。总分数的八周重测信度系数为0.81。总体上看，该量表有比较高的信度技术指标。

评价方法是将问卷发给学生，要求其在规定时间内回答完成后返回。数据收集后采用SPSS统计软件辅助处理。

二、基于校内实习公司的实践教学有利于学生整合思维能力的提高

鉴于实验组和对照组来自不同的总体，因此选择独立样本t检验公式来对两组均值的差异显著性进行检验。又由于两组样本总体分布的方差齐性未知，因此先用Levene检验来对其方差齐性进行检验，以确定t检验公式的选择。从Levene检验对两组样本在各个维度因子上的得分总体方差齐性检验结果看（判断依据是$P<0.05$），除了求真性和比较分析两因子的总体方差不相等（即不满足方差齐性条件）外，其余各个维度和因子均值得分总体方差都接受相等假设（即满足方差齐性条件）。对于不满足方差齐性的2个因子得分均值的差异显著性水平，不能直接选取t检验的结果来衡量，而是选取了SPSS统计软件内置的另一检验公式的检验结果来衡量。

从表5－5可以看出，参加校内实习公司实践教学的学生在整合思维总平均分及辩证性倾向、批判性倾向、理性权衡方法和理性综合方法4个维度上的平均得分，都显著或非常显著高于对照组（显著性水平$P<0.01$或$P<0.05$）。在各维度内的因子得分方面，实验组学生只有批判性倾向分量表内的求真性、逻辑倾向2个因子，以及理性综合方法分量表内的组合因子的得分与对照组差异不显著（显著性水平值$P>0.05$）。这显示求真性和逻辑倾向性受校内实习公司实践教学影响不大。但从总体上看，校内实习公司对实习学生所实施的职业实践教育，的确

有利于其整合思维能力的提高。

表 5－5 实验组和对照组整合思维得分统计及均值差异 t 检验结果

维度因子	组别	人数	均值	标准差	Levene 检验方差齐性结果	t 值	自由度 df	显著性 P 值（双侧）
整合思维	实验组	94	3.34	0.284	方差相等	5.036	293	0.003
	对照组	201	3.18	0.249				
辩证性	实验组	94	2.616	0.566	方差相等	2.512	293	0.029
	对照组	201	2.805	0.611				
批判性	实验组	94	3.217	0.388	方差相等	2.301	293	0.028
	对照组	201	3.106	0.375				
理性权衡	实验组	94	3.496	0.421	方差相等	5.542	293	0.008
	对照组	201	3.220	0.388				
理性综合	实验组	94	3.57	0.683	方差相等	3.811	293	0.001
	对照组	201	3.21	0.591				
普遍联系	实验组	94	2.527	0.568 6	方差相等	2.235	293	0.026
	对照组	201	2.707	0.680 4				
对立统一	实验组	94	3.43	0.484	方差相等	2.504	293	0.013
	对照组	201	3.29	0.434				
自信心	实验组	94	3.48	0.664	方差相等	3.755	293	0.000
	对照组	201	3.19	0.589				
认知成熟	实验组	94	3.147	0.381	方差相等	2.262	293	0.024
	对照组	201	3.045	0.347				
逻辑倾向	实验组	94	3.50	0.786	方差相等	1.678	293	0.094
	对照组	201	3.33	0.799				
开放性	实验组	94	3.43	0.484	方差相等	2.504	293	0.013
	对照组	201	3.29	0.434				
求真性	实验组	94	2.78	0.621	方差不相等	1.715	207.428	0.088
	对照组	201	2.64	0.716				

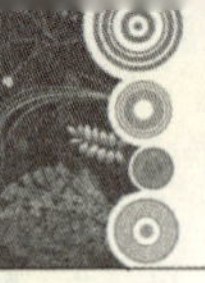

续上表

维度因子	组别	人数	均值	标准差	Levene 检验方差齐性结果	*t* 值	自由度 *df*	显著性 *P* 值（双侧）
量化	实验组	94	3.27	0.578	方差相等	2.619	293	0.009
	对照组	201	3.08	0.551				
比较分析	实验组	94	3.59	0.712	方差不相等	2.102	176.071	0.048
	对照组	201	3.41	0.708				
评价分析	实验组	94	3.549	0.440	方差相等	7.428	293	0.033
	对照组	201	3.160	0.409				
系统性	实验组	94	3.399	0.622	方差相等	3.296	293	0.001
	对照组	201	3.158	0.570				
组合	实验组	94	3.35	0.706	方差相等	1.770	293	0.078
	对照组	201	3.19	0.701				
对立联想	实验组	94	3.89	0.428	方差相等	18.525	293	0.014
	对照组	201	2.94	0.398				
协调	实验组	94	3.64	0.808	方差相等	2.034	293	0.043
	对照组	201	3.44	0.794				

从上述实践教学的实验结果得知，校内实习公司所实施的职业实践教育对学生整合思维能力的提高确有显著的作用。之所以能发生如此显著的作用，这是由整合思维的形成和校内实习公司所实施职业实践教学的特点决定的。

首先，整合思维能力的形成和发展，是人在复杂的实践环境条件作用下主动建构的结果。根据建构主义理论，人的认知发展就是认知结构永恒的构造过程，也是依据经验来创造意义的过程（Bednar，1991）。在此过程中，个体来自环境中的直接经验具有至关重要的作用。作为认知结构的核心，思维就像一个处理器，将来自于真实世界的输入信息处理后形成自己独特的经验世界（Jonassen，1999）。人之所以能把握世

界，在于能够对自身的经验做出独特的解释，即基于个人的经验和互动来构建自身的解释。不仅如此，思维过程现身于相关情境中时，思维概念的内部表征也随着经验的增加而不断地变化着。因为新的情境、协商和行为活动会以不同的、更加条分缕析的方式重构已有的概念。由此推之，整合思维能力，便是人们在应对复杂的社会实践活动或职业工作情境的过程逐渐形成和发展起来的。也就是说，整合思维的形成需要复杂的社会活动或职业工作情境做刺激环境，以引起活动主体大脑相应思维活动的发生。而根据现代认知心理学的观点，当人的大脑对接受到的刺激信息加工后，会引起大脑皮层对信息加工结果和活动结构内容的记忆，成为相应的认知技能。人的整合思维能力或整合思维方式，正是在通过处理复杂信息的历练而最终形成和发展起来。这一点，与经典的巴甫洛夫学派用暂时神经联系系统来解释思维活动形成、发展的规律相吻合。

其次，从校内实习公司所实施的职业实践教学特点来看，校内实习公司所能提供的实践教学是培养学生整合思维能力的理想条件，较有利于学生整合思维能力的培养。由于校内实习公司是以服务实践教学为宗旨的生产、经营或服务企业，兼具企业属性和教育属性。它所提供的实践教育环境，既存在社会生产、经营与服务情境因素，又有履行教师角色的主导者，使得作为实践主体的学生通过岗位工作活动，同实践系统中的其他要素充分地发生互动，产生职业实践工作体验。此时，职业实践工作中复杂的真实情境能通过教学计划的安排而变得有系统和相对可预期，使学生在较短时间内既能体验职场中的各种问题情境，又能在教师的主导下，有计划、有系统地识别、理解隐藏在职业实践活动中的知识与技能。这样就有机会尝试用辩证、批判性的理性立场和态度看待问题，用权衡和综合的方法处理所遇到的职业实践问题，从而有效地培养其整合思维方式和能力。

当然，基于校内实习公司所开展的实践教学，只是一种旨在培养学生未来职业岗位工作胜任力的活动；相对于学生认知能力发展的整个历程来说，它也是短暂的。因此，对于一些需要长期系统训练的思维能力要素，这种基于校内实习公司所实施的实践教学并不一定能取得明显的效果。这一点，已经得到本实验教学效果测评结果统计分析结论的印证。例如，构成整合思维能力要素的逻辑倾向、求真性及组合方法等，尽管学生接受了长达一个学期以上的职业实践教学，但对其成绩提高的作用并不明显。

第三节　职业实践教学模式对毕业生就业质量的影响分析

基于校内实习公司的实践教学有利于学生职业成熟度、择业效能感和整体思维能力的提高，这一点得到了本研究相关实验与调查分析结果的证实。但这些作用对于个体职业生涯的发展或职业成就的提高仅仅具有中介性。那么，基于校内实习公司的实践教学到底是否真的有助于提高学生毕业后的就业质量？有关这方面的研究目前还比较欠缺。为此，本文拟采用追踪调查的方法，来探讨这方面的问题。

一、实验调查对象和方法

（一）调查对象

从广州地区一所建立了校内实习公司的高职院校毕业生中，抽选参加过校内实习公司实习达一个学期或以上时间的毕业生作为实验组调查对象。初选 150 人，实际得到有效被试 43 人。对照组调查对象为相同类型院校同专业同年级未参加校内实习公司实习的毕业生，初选 150 人，实际得到有效调查数据的被试人数为 42 人。

（二）调查工具与内容

采用自编调查问卷进行调查。问卷设计为结构封闭式，共 22 个信息采集条目。每个条目以询问方式呈现，并在后面提供 5 个或以上表示符合程度的备选答案，每个答案从 1 ~5 分别赋值。

调查内容包括两个方面：一是曾经参加校内实习公司实践教学情况，如参加的时间长度、满意程度、实习内容的丰富程度等，分为 8 个计分项目。二是就业质量，如职业岗位性质、工资与福利待遇、工作稳定性、工作挑战性、对工作或职业的承诺程度、创业等，分为 14 个计分项目。

（三）调查程序与数据处理

问卷编制好之后以书面形式传给历届毕业生，要求其在规定时间内回答完成后返回。数据收集后采用 SPSS 统计软件辅助处理。

二、基于校内实习公司的实践教学有利于学生就业质量的提高

考虑到实验组和对照组取样于不同的总体，因此选择独立样本 t 检验公式来对两组均值的差异显著性进行检验。又由于两组样本总体分布的方差齐性未知，因此先用 Levene 检验来对其方差齐性进行检验，以确定 t 检验公式的选择。从 Levene 检验对两组样本在各个维度因子上的得分总体方差齐性检验结果看（判断依据是 $P<0.05$），所有维度因子均满足方差齐性条件。

表 5 -6 列出了实验组和对照组毕业生在就业质量问卷调查得分统计及均值差异 t 检验结果。从表 5 -6 中可以看出，实验组毕业生的得分在就业总质量、薪酬水平和满意度方面明显高于对照组，其差异显著性达到 $P<0.05$ 的水平。这表示毕业生在读期间参加基于校内实习公司的实践教学，有利于他们毕业生后提升就业质量。

表5-6　毕业生实验组和对照组就业质量问卷得分统计及均值差异 t 检验结果

维度因子	组别	人数	均值	标准差	Levene 检验方差齐性结果	t 值	自由度 df	显著性 P 值（双侧）
就业质量	实验组	43	3.38	0.520	方差相等	2.308	83	0.023
	对照组	42	3.08	0.615				
专业对口	实验组	43	3.63	0.907	方差相等	1.289	82	0.202
	对照组	41	3.40	0.884				
薪酬水平	实验组	42	3.00	1.549	方差相等	2.017	82	0.047
	对照组	42	2.98	1.448				
事业发展	实验组	43	3.69	1.039	方差相等	0.736	81	0.465
	对照组	40	3.39	1.471				
工作承诺	实验组	41	3.70	1.119	方差相等	1.868	79	0.064
	对照组	40	3.23	0.974				
满意度	实验组	43	2.94	1.458	方差相等	2.121	83	0.049
	对照组	42	2.40	1.335				
创业业绩	实验组	40	1.26	0.729	方差相等	0.450	79	0.654
	对照组	41	1.19	0.652				

基于校内实习公司的实践教学是如何促进毕业生就业质量的呢？本文认为是以提高其整合思维能力、职业成熟度和择业效能感等为中介的。

首先，根据前面的实践教学实验结果，基于校内实习公司的实践教学对提高学生整合思维能力、职业成熟度和择业效能感均具有明显的作用。而整合思维能力是人们应对复杂职业工作情境的主要心理资源。整合思维能力强者，其应对复杂职业工作情境、解决职场难题的能力也强，这对于具有一定市场成分的职业世界而言，是有助于获得较高就业质量和职业成就水平的。

其次，正由于基于校内实习公司的实践教学能明显提高学生的整合

思维能力，因而有助于心理资源的整合及其功能的发挥，促进择业效能感和职业成熟度的提高。当择业效能感和职业成熟度得到提高后，会通过择业行为的有效性从改善职业岗位工作环境，进而提高就业质量。

最后，虽然基于校内实习公司的实践教学，在帮助毕业生提高创业成就等方面未能显示出明显的作用，但这可能与实践教学内容的安排有关。如果在教学内容上进行优化组合，其效果也是可以预期的。

当然，影响毕业生就业质量的因素有许多，其关系也是错综复杂的。通过改革实践教学模式，构建基于校内实习公司的实践教学体系，来提高学生整合思维能力、职业成熟度和择业效能感等，只是促进他们毕业后就业质量提升的途径之一。但即便这样一个途径，我们还是涉足浅薄，知之甚少。这有待于今后拓宽视野，勤于思索，以便了解高职院校实践教学世界里更多的真知和神奇的效应。

三、大力发展校内实习公司是高职院校提高实践教学质量的内在要求

综上基于校内实习公司的实践教学实验结果对比分析和理性思考，我们认为，校内实习公司对高校，尤其是高职院校开展职业实践教学具有独特的价值。职业实践教学需要在真实的职业工作情境中进行，同时又要求从事生产、经营与服务的企业能够遵循职业人才成长的规律，按照高职院校人才培养方案的要求对实习生进行有计划、有系统的教学指导，这对于以营利为目的的社会企业来说难以做到。就我国当前的制度政策框架下，要破解这个难题，唯有通过大力发展校内实习公司的方法来解决。正如前面提到的，校内实习公司由作为职业人才培养机构的高校主办，以服务学校实践教学为宗旨，可以按照人才培养方案的要求规划其活动；同时，它又面向校内外开展生产、经营与服务业务，为学生提供真实的职业岗位工作环境，使他们有机会历练职场的种种问题情境

和应对技能、技巧。这样的机构兼具教育培养机构与生产经营企业双重属性，有利于职业实践教学的开展，从而能有效地培养学生包括整合思维能力在内的职业实践能力，提高学生职业成熟度、择业效能感和就业质量，从而进一步提高职业人才培养质量。

第六章

高职院校校内实习公司运行中的问题、对策与展望

如前所述，高职院校构建校内实习公司开展实践教学，在提高学生职业成熟度、择业效能感以及思维能力整合方面具有显著的作用。当然，不存在一种包打天下的人才培养模式，校内实习公司在开展实践教学、培养学生职业素质方面也存在自身的局限性，如：校内实习公司在构建、运营、发展等方面还存在不少问题，某些实习公司存在办证难、产品走向市场难的问题，进而影响了校内实习公司的运营与发展；在开展实践教学、培养学生职业素质过程中，校内实习公司实训与企业顶岗实习之间存在着如何相互协调、互相补充的难题；校内实习公司开展实践教学还存在一个专业适用性问题，即校内实习公司往往和所在学校的实际情况（包括规模、经济状况、实训条件、地理位置、专业布局等）、所在区域的产业布局等相关，构建一个专业的校内实习公司必须充分考虑到上述因素。

第一节 校内实习公司运行中的问题分析

对校内实习公司运行中的问题进行分析，有助于我们加深对校内实习公司运行规律的了解，扬长避短，真正发挥校内实习公司在实践教学中的作用。

一、对当前我国校内实习公司研究现状的分析

在我国，校内实习公司、校内生产性实训基地、模拟公司三者间有着千丝万缕的联系（见图6－1）。一方面，校内实习公司是公司化了的

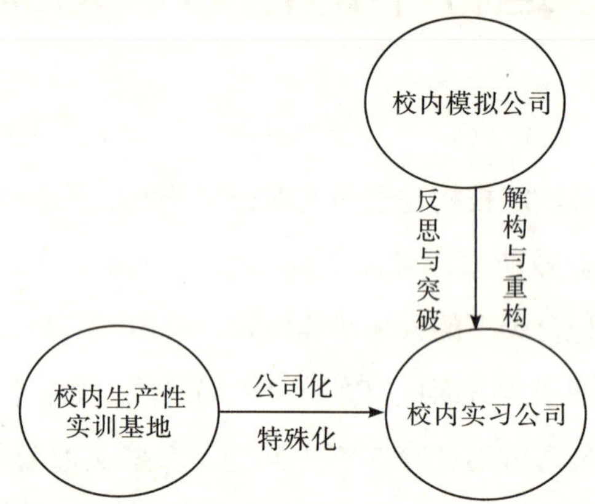

图6－1 校内实习公司、校内生产性实训基地、校内模拟公司关系图

校内生产性实训基地，是校内生产性实训基地的特殊形式。另一方面，我国校内实习公司概念的提出源于德国“模拟公司”系统（一说为“虚拟公司”）。该系统通过人为创造经济活动仿真模拟环境作为经济类专业的实践教学场所和组织形式，学生在其中可经历全部业务操作过程，了解和弄清其各环节之间的联系，而又不必承担任何经济活动风险。校内实习公司则是对模拟公司构建理念、组织形式和运行模式的反思与重大突破，通过对模拟公司的解构与重构，逐步减少校内公司的“虚拟”元素，着力强化校内公司的“真实”特点，进而从模拟公司的母体中孕育出一个“校内实习公司”这一全新的子体形式。纵观当前我国对校内实习公司的研究与实践，基本上是以现有的校内生产性实训基地和模拟公司为基点展开的（我们曾在中国知网、万方数据、维普资讯等主流文献资源库内就“校内实习公司”进行检索，研究成果寥寥，反之，对“校内生产性实训基地”和“模拟公司”的研究量却非常大。

而近几年来全国不少高职院校事实上已开始了校内实习公司的构建与运行。为此可以说，许多对校内实习公司的研究事实上是以校内生产性实训基地和模拟公司为基点展开的）。由于校内实习公司、校内生产性实训基地以及模拟公司三者间存在着许多共性的因素，因而对校内生产性实训基地、模拟公司的某些研究也同样适用于校内实习公司，某些校内生产性实训基地、模拟公司运行中存在的问题也是校内实习公司具有的问题。

（一）对校内生产性实训基地的研究

1. 对校内生产性实训基地建设的研究

校内生产性实训基地建设包含企业引进、课程开发、人员设置、绩效考核等一整套管理办法和制度规范，是一个复杂的系统工程。从教高〔2006〕16 号文首次提出“要积极探索校内生产性实训基地建设的校企组合新模式，由学校提供场地和管理，企业提供设备、技术和师资支持，以企业为主组织实训”，到教职成〔2011〕12 号文再次提出的“系统设计、实施生产性实训和顶岗实习，探索建立‘校中厂’‘厂中校’等形式的实践教学基地”，几年来，我国高职院校校内生产性实训基地建设开展得如火如荼，但同时，建设中存在的问题与困惑也不少。

（1）对校内生产性实训基地建设存在的问题研究。

我国的研究者们普遍认为，校内生产性实训基地对学生职业能力的培养起着积极的作用。但同时，校内实训基地在建设和使用时存在一定的缺陷，进而影响到实训的效果和目的。黄映琴根据对校内生产性实训基地运作模式的研究，指出目前高职院校校内生产性实训基地在建设和使用中存在的问题主要有：资金投入不足、“双师型”指导教师欠缺、仿真性较差、容易出现走过场的形式主义等问题;[①] 叶茎等认为，与正规生产制造企业相比，校内生产性实训基地主要存在如下方面不足：实训产品产能较低，生产成本较高，生产周期较长；实训学生的管理情况需要改进，如厂方人员可以按企业规定管理，而学生为校方实习人员，不好管理。[②] 张秋容等认为，当前我国校内生产性实训基地的主要问题有：基地效益与实践教学功能不平衡、实训内容与企业人才需求不对接;[③] 李美长则根据校内生产性实训基地的多功能性，指出校内生产性实训基地多功能运行需化解的几组矛盾，包括教学目标与生产目标的矛盾、教学计划性与生产市场性的矛盾、实训的技能培养与生产的技能应用的矛盾;[④] 胡钦志根据多年在高职院校从事实践性教学的切身体验，从商业角度分析高职校内生产性实训基地运作成本较高，经济效益和社会效益较低这一普遍存在的问题。[⑤] 针对上述校内生产性实训基地建设中存在的问题，钱廷仙认为主要存在着观念滞后影响、机制障碍影响、效率低下影响等相关制约性因素。[⑥] 为破解校内生产性实训基地建设的种种难题，我国的研究者提出了不少针对性举措。

（2）对校内生产性实训基地建设问题的对策研究。

纵观我国对校内生产性实训基地建设问题的对策，可以发现包括创新体制机制、精心选择项目、寻求合作伙伴、教学团队建设、管理体系

---

① 黄映琴．校内实训基地使用情况及存在问题分析．南通航运职业技术学院学报，2007（3）.

② 叶茎，何琼，盖超会．校内生产性实训基地建设的实践与探索．交通职业教育，2012（1）.

③ 张秋容，杨伟，于景福．“教学工厂”理念下的校内实训基地建设研究．广东技术师范学院学报（职业教育），2012（1）.

④ 李美长．高职校内生产性实训基地多功能运行中的矛盾与化解．安徽电子信息职业技术学院学报，2012（4）.

⑤ 胡钦志．高职校内实训基地运作成本节约化的问题分析与改革探讨．商场现代化，2009（16）.

⑥ 钱廷仙．校内生产性实训基地建设创新与实践．职教论坛，2011（6）.

构建等相关措施。

① 创新体制机制。

高职院校校内生产性实训基地的建设和运行机制是指在实训基地的建设与运行过程中，影响生产性实训的人员、资金、设备等因素，以及影响这些因素发挥作用的过程。形成长效机制是校内生产性实训基地建设与良性运行的制度保证。为此，童卫军提出高职院校在校内生产性实训基地投入驱动方面，要建立政府投入带动机制、校企利益驱动机制、合作项目遴选机制；在运行管理方面，要建立教学管理与生产管理协调机制、质量监控与绩效考核协同机制、财务管理与利益分配均衡机制；在沟通交流方面，要建立信息沟通机制、人才融通机制、情感交流机制。[①] 张秋容等提出了“企业梯度”式的实训基地组织结构（见图 6－2）。“企业梯度”式组织结构的实训基地，跟“校企合作”型的校内实训基地相比，它实现了学校在实践教学安排上的自主；跟“政府支持、学校自主建设型”校内实训基地相比，它为师生提供了真实的生产经营环境，实现了让高职院校的师生和跟本专业相关的企业零距离接触，从而提高职业素养，并为基地的持续性发展提供了强有力的经济支持，实现了变技能型、消耗型实训基地为生产型、积累型实践场所。[②] 黄幼岩认为“完善合作机制是促进校企双方持续合作的催化剂，要建立健全校企合作的决策议事机制、利益平衡机制、沟通协调机制、互融统合机制、激励约束机制、政策导向机制，促进校企共建校内实训基地”[③]。沈时仁也认为，机制体制是校内生产性实训基地可持续发展的重要保

① 童卫军．高职院校校内生产性实训基地建设与运行机制研究．中国高教研究，2011（7）．

② 张秋容，杨伟，于景福．“教学工厂”理念下的校内实训基地建设研究．广东技术师范学院学报（职业教育），2012（1）．

③ 黄幼岩．校企共建高职院校校内生产性实训基地的长效机制研究——基于利益博弈的视角．职教论坛，2012（18）．

障。为此，学校要出台相应的政策，鼓励企业业务人员来校承担实训指导任务，对做出成绩的企业技术人员应提供报酬与奖励。实训基地的运行既要遵循教育规律，又要兼顾企业运营规律，按照市场化运作，形成教学、经营、社会服务相互渗透、融合的良性格局。同时，校企双方要共同建章立制、签订协议，约束和规范双方的行为，明确双方的权利和义务，保障双方的合法权益。① 杨群祥等认为，把职业教育和产业园区融合在一起，建设职业教育产业园，较好地发挥规模和集群效应，是一条校内生产性实训基地的建设路径。此外，按照高职教育分类指导的原则，在政府的宏观指导和帮助支持下，密切联系行业、企业，积极组建相关职教集团，在时间和空间上拓展校内生产性实训基地建设的内涵，也将是一种校内生产性实训基地建设的机制创新。②

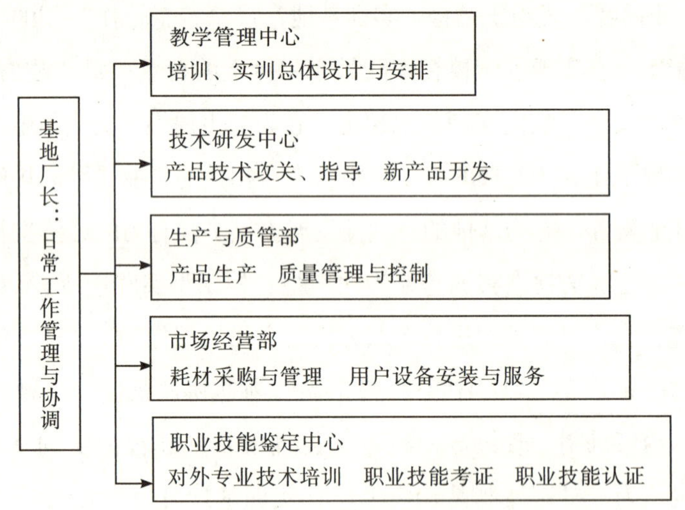

图6－2　“企业梯度”式的实训基地组织结构图

① 沈时仁．高职院校商贸类专业校内生产性实训基地建设的研究与探索．中国高教研究，2011（5）．

② 杨群祥，熊焰，黄文伟．我国高职院校校内生产性实训基地建设的历程及思考．高教探索，2011（5）．

② 精心选择生产建设项目。

黄斌认为："高职院校在选择校内生产性实训建设项目时，一要精心选择适合学生实训的生产项目、生产工艺和生产产品，并结合学校自身情况，扬长避短；二要充分考虑实训设备和技术的可升级性。现代技术发展日新月异，设备更新换代频繁，而高职院校的经费和场地又非常有限。为了不让实训基地过快落伍，延长基地的使用寿命，就要考虑设备和技术的可升级性。"①

③ 寻找合适的合作伙伴。

在破解诸如"资金投入不足、'双师型'指导教师欠缺、仿真性较差"等校内实训基地建设难题时，许多研究者都不约而同地提到了校企共建校内生产性实训基地的路径，通过寻找合适的企业合作伙伴，实现校内实训基地相关要素的整合与补充。

叶石华提出校内生产性实训基地校企股份组合建设新模式，该模式构建的假设是，校企双方实现股份投入，法律上双方享有股份所拥有的权利和义务、效益，因而可以调动各方面的积极性和能动性。该模式包括如下三种形式，"在校方场地，由校方出人，聘请生产工人，校方实施管理，厂方负责市场业务，提供订单、原材料，技术支持等。产品经企方验收合格，企方按市场价格支付给校方生产费用；由校企双方共同出资，在校内建设厂房、购置设备、共同管理。生产经营管理以企方为主，教学、实训管理以校方为主，同时完成教学与生产双重任务；由校方出资入股企业，将工厂变为课堂，学生生活、学习都在工厂现场，教师到现场上课隔周安排上课和实习"②。

---

① 黄斌．高职教育校内生产性实训基地的选择．江苏社会科学（教育文化版），2008.

② 叶石华．校内生产性实训基地校企股份组合建设新模式探索．职教论坛，2010（26）.

覃远霞提出要扩大引进技术服务型企业的规模，不断提升合作企业的技术含量。她认为："由于大部分技术服务型企业无噪音、无污染，大多采用先接单，约定收费数额和方式后再提供服务的方式进行经营，亏损风险小，对日常教学管理几乎没有负面影响，学校还可以利用企业的设备、资金、技术、资质及相对稳定的'订单'，培养学生严谨规范的工作态度和团队协作的意识，实现与工作岗位'零距离'对接。"①

④ 校内生产性实训基地教学团队建设。

赵莉认为，传统意义的教学团队往往是以教研组为单位的，把一个教研组的教师称为一个教学团队。随着校内生产性实训基地的建设，学生的实训项目由以往的传统性实训转变为真正的企业产品的设计、加工，涉及的内容不再是单纯的一门课程，这就需要多个课程的骨干教师成立教学团队，及时解决产品的设计、加工过程中遇到的困难。因此，应该以生产性实训项目来建立教学团队，这样的教学团队可以跨学科、跨系部，在学生的生产性实训中发挥各自的特长和优势，在教学改革工作中团结协作、互为补充，可以有效推进生产性实训基地教学工作的开展。为此，要根据教学团队的工作任务、能力要求，建立有效的教学团队管理机制、考核办法；支持教学团队教师参加各级培训、承担业务、开展研究工作，并提供必要的政策和资金支持，建立长效的自我发展机制。②

⑤ 系统的校内生产性实训基地运行管理体系构建。

杨群祥等认为，评估具有诊断、预测、反馈、矫正和总结功能，对实训基地运行状况进行分析，做事实评判，可以为今后实训基地的建设

① 覃远霞．高职校内生产性实训基地建设现状与对策研究．高教论坛，2012（6）．

② 赵莉．校内生产性实训基地教学团队建设策略研究．中国教育技术装备，2010（23）．

以及相关配套政策的制定提供依据，为此，要加快建立与高职院校校内生产性实训基地相配套的考评标准。① 覃远霞认为，要明确学校和引进企业的关系以及相互的权利和义务，调整相关部门的利益及各项工作之间的关系，以便保证各部门在实训教学活动中的协调配合，最大限度地发挥校内生产性实训基地的教育教学效益。此外，要制定校内生产性实训基地实训效果评价指标，以考核学生项目实训、综合实训、顶岗实训的实训效果。②

除上述对策外，针对校内生产性实训基地建设，张辉、吴万敏还提出了校内生产性实训基地发展的三大策略，即开放办基地策略、特色办基地策略、精细化管理策略。③ 丁金昌、童卫军提出要将校内生产性实训基地建设成区域共享型的实训中心。例如，应在政府有关部门的支持与协调下，努力把温州职业技术学院校内实训基地建设成为温州市或浙南地区中职教师培训基地、温州市人才培养培训中心和技能鉴定中心。④

2. 对校内生产性实训基地培养学生职业技能的研究

吴万敏、张辉认为，建立校内生产性实训基地可以成为高职院校学生技能训练的战略选择，抑或成为产学合作、工学结合的最有效方式。高职校内生产性实训基地的技能训练模式是指在一定的教育思想、教学理论和学习理论指导下，在准真实的工业环境中展开的实践教学活动的稳定结构形式。技能训练课程体系需要根据不同的专业和岗位群，以及

---

① 杨群祥，熊焰，黄文伟．我国高职院校校内生产性实训基地建设的历程及思考．高教探索，2011（5）.

② 覃远霞．高职校内生产性实训基地建设现状与对策研究．高教论坛，2012（6）.

③ 张辉，吴万敏．高职校内生产性实训基地建设与发展策略．中国高等教育，2008（24）.

④ 丁金昌，童卫军．校内生产性实训基地建设的探索．中国高教研究，2008（2）.

服务行业企业的产品等因素建构。如面向制造业的基础技能训练体系由制造技能训练、管理技能训练、创新技能训练、设计技能训练四个平台构成。[①]

综上所述，与校内生产性实训基地相比，校内实习公司成功地实现了基地的企业化运作和市场化经营，并以一个真实性的生产经营实体身份，成功地解决了许多校内生产性实训基地自身所无法解决的问题，如仿真性较差、生产成本较高、产能不足、容易进入形式主义歧途等。但同时，基于校内生产性实训基地与校内实习公司千丝万缕的联系，上述对我国校内生产性实训基地的研究成果，很多都能或直接或间接为校内实习公司构建提供理论支撑与对策启迪。如在问题分析上，资金投入不足、“双师型”教师欠缺问题也是困扰校内实习公司的核心问题；教学目标与生产目标、教学计划性与生产市场性、实训的技能培养与生产的技能应用三组矛盾也时时阻碍着校内实习公司实践教学的顺利开展。在对策启迪中，创新校内实习公司运行的体制机制、根据专业精心选择校内实习公司、建立与校内实习公司相配套的考评标准、围绕生产性实训项目组建教师团队等举措也值得校内实习公司借鉴。

（二）对校内模拟公司的研究

1. 对校内模拟公司运行机制研究

关于校内模拟公司的运行机制，张晓芳认为，“模拟公司”是以模拟商贸活动为目的而开办的公司，其功能虽如同真实商贸公司的功能，但它只能在封闭的网络中与其他“模拟公司”进行合作，并需要有一个“大部门”给予支持。在这种情况下，需成立“模拟中心”。初期，“模拟中心”常设在一个核心学校内，以后独立出来，由若干所学校作

---

① 吴万敏，张辉．高职校内生产性实训基地的技能训练模式研究．高教探索，2009（5）．

为董事学校共同管理。“模拟中心”的组织结构由以下部门组成：①政府机构：提供国家的各种经济政策、税收、利率等信息。②银行：为“模拟公司”提供贷款、付款、收款、转账等银行业务的支持。③工商管理部门：为“模拟公司”提供注册、注销支持及其咨询。④邮局：负责收寄“模拟公司”业务往来的邮件，将邮件打包并经“模拟邮局”中转，再送往正式邮局寄发。打包的目的一是可以节省邮费，二是可避免“模拟公司”与正式公司因同名而发生混淆。⑤市场：协调“模拟公司”之间的贸易活动，当某“公司”找不到商家时，“中心”可充当相应角色。⑥信息：开办课程与讲座，并发送新闻与刊物，为新建立的“模拟公司”提供业务指导。此外，“中心”负责筹办一年一度的“模拟全国商品交易会”，邀请全国的“模拟公司”到会，参与商品的展示及模拟交易活动，还要组织本国的“模拟公司”与外国的“模拟中心”与其所雇“模拟公司”进行贸易来往。[①]

上述在“模拟公司”基础上建构一个大部门——“模拟中心”，并将其作为协调各类“模拟公司”关系、整合各种“模拟公司”相关要素（政府、银行、邮局等）、组织“模拟公司”内各式交易活动的机构，这种运行机制创新对我国校内实习公司未来的发展路径选择具有重大的启迪作用。

2. 对校内模拟公司实践教学的研究

（1）对校内模拟公司实践教学要素的研究。

赵前斌以江门职业技术学院引入模拟酒店和模拟物流公司开展实践教学为例，指出高职院校搞好模拟公司教学要整合好九个方面的要素，包括一篇分析报告、一套公司章程、一个挂钩公司、一个指导教师、一

① 张晓芳．“模拟公司”：中国高等职业教育发展的最佳选择．教育理论与实践，2007（1）.

个顾问团、一个营业场所、一套质量体系、一次沙盘模拟、一套运行记录。[①] 在这九个要素中，完成分析报告约需半个月时间，完成公司章程约需半个月时间，建立质量体系需 1 ~ 2 个月时间，沙盘模拟需一周时间，其他工作交叉进行。整个模拟公司的创立，从筹办到运行，共需约 4 个月也就是近一个学期的时间。模拟公司建立之后，可以滚动发展，学生在一年级下学期进入模拟公司，二年级成为业务骨干，经轮岗，再成长为管理经营者。模拟公司用一年半至两年时间，让学生熟悉一套公司制度，了解一套业务流程，完成一至两项业务工作，掌握一至两个岗位基本技能，剖析一套案例，积累半年的实践经验，走访一两家企业，从而使学生得到系统的锻炼和全面发展。徐涛等则提出模拟公司教学的实施条件包括“实训指导教师、实训指导小组、培训内容、挂钩公司、模拟公司网络、网络协调中心、模拟公司国际博览会等”[②]。

（2）对校内模拟公司实践教学管理的研究。

对于如何加强对校内模拟公司实践教学的管理，徐涛提出了一个“网络协调中心”的概念。网络协调中心的职能是观察模拟市场的商情变化，处理事关整个市场运行秩序的关键问题，为模拟公司的成立和运行提供真实的管理能力。如，信息咨询、邮政通信、票据交换和主办模拟公司国际博览会等。[③] 在维也纳职业技术学院也设立了与“网络协调中心”相类似的组织机构——管理全国各职业学校模拟公司的总部。总部建有模拟财政部、模拟银行、模拟税务局、模拟保险公司等机构，与各模拟公司联网形成庞大的模拟市场，以确保各校模拟公司的正常运作。

在校内模拟公司实践教学的日常管理上，教师必须高度重视如何调

---

① 赵前斌．模拟公司教学要做好九个一．中国职业技术教育，2008（7）.

②③ 徐涛，李文耀．“模拟公司”实践性教学法探讨．职教论坛，2006（12）.

动参与模拟的全体学员的积极性问题，让他们像实际企业中的管理者那样进行分析与决策。同时，要引导各模拟公司的主要负责人如何调动公司所属成员积极性，团结合作，共同奋斗，去争取本公司经营上的成功，及时有效地处理在模拟过程中出现的各种意外事件。为此，校内实习公司可实行在专业教师的指导下由学生自主经营、自行管理、自我服务、自负盈亏的管理模式。为了保证实习公司的正常运作，应制定和完善实习公司的各项管理制度。如股份制章程、例会制度、人事管理制度、财务管理制度、商场管理制度、采购制度、盘点制度、岗位工作流程和员工信息档案等。①

（3）对校内模拟公司实践教学方法的研究。

宋丽娟根据其在税务会计课程实践中所构建的“模拟公司”，指出模拟公司可采用角色扮演、案例教学、项目教学的方法，使学生参与教学全过程，收集信息、制订计划、做出决策、实施计划、反馈控制、评估成果，开展自主性学习。教师在学生学习过程中则起着组织者、咨询者及伙伴的作用。② 杨群祥根据广东农工商职业技术学院构建校内实习公司的实践，提出实习公司可采取以下教学方式：体验式教学、导师制教学以及组织培训与交流等。③一种新的教学方式、手段的运用，成功的关键在于教师。胡生夕等认为，“模拟公司”的教学实践形式对教师实践技能提出了更高的要求，这要求教师有足够的知识储备量。④

（4）对校内模拟公司实践教学典型问题与对策的研究。

郑建萍在对职业学校模拟公司教学中的典型问题进行辨析时指出，

---

①③ 杨群祥．高职院校培养学生职业能力教学模式的创新——兼谈广东农工商职业技术学院构建校内实习公司的探索．高教探索，2006（5）．

② 宋丽娟．“模拟公司”教学法在税务会计课程中的应用．会计之友，2009（10）．

④ 胡生夕，杨凯茹．“渔王儿子”的教学启示——模拟公司在实践性教学中的作用不可估量．会计之友，2007（6）．

“模拟公司通过聚焦于职业情境的脚本，帮助学生体验企业情境，但也蕴含着因与真实情境的区别而造成的教学风险：其一，情境中所蕴含知识的质量、特点与科学知识并不是同一类型，涉及对脚本知识的总结提升问题；其二，真实环境的典型特点，如多样性、多角度、不确定性在模拟环境中常常消失殆尽，其严肃性、真实度、复杂性不尽如人意；其三，模拟中蕴含着原始企业实践中并不存在的教育教学意图。情境、内容和目的的区别，必然要求从教育教学的角度对这一形式做更深入的思考”①。

马崇坚等认为，虽然“学生模拟公司”取得了一定的成效，但仍有很多方面需要深入完善。例如，将不同课堂教学内容融入模拟公司运作流程；模拟公司实践中理论实践的交融；不同创新实践教学在“模拟公司”运作不同阶段的操作；如何保证学生不至于过于注重“公司”的利益而置专业知识和技能于不顾等。②

李玉春等认为，我国高职院校建立的“模拟公司”虽然取得了一定的成绩，但与国外“模拟公司”相比，存在着仿真性差、规范性不够、局限性较大、实习机会少等问题。为此，已建“模拟公司”的各校主要应解决如下几个问题：一是寻求“模拟公司”赞助商，以解决“模拟公司”的仿真性问题；二是增加投入，提高“模拟公司”设施设备的现代化水平；三是调整教学计划，使“公司”运作持续化、规范化；四是编制“模拟公司”运作规程，确保“模拟公司”运作规范。此外，通过组建国内“模拟中心”。在国内各院校“模拟公司”运作正常并积累一定经验的基础上，可逐渐开展国内校际“模拟公司”之间

---

① 郑建萍．职业学校模拟公司教学中的典型问题辨析．职业技术教育，2011（1）．

② 马崇坚，等．农科专业人才培养创新模式的新探索．安徽农业科学，2010（5）．

的业务。[①]

程琳等实验研究课题组成员在物业管理专业模拟公司实践的基础上，指出模拟公司存在着的几个问题。包括模拟公司规模太小，致使真正投入到操作程序中的人很少；怎样通过办模拟公司促进专业和“两课”的课堂教学和教材的改革？怎样对专业课堂教学、模拟公司实践、校外实训统筹安排，使之制度化？办模拟公司与勤工俭学如何结合等。[②]

张晓芳分析了国内“模拟公司”与国外“模拟公司”的差距。一是仿真性差。市场背景、工作环境完全是虚拟的，没能创造出一个真正的企业工作环境，学生很难完全进入角色，产生身临其境之感。二是规范性不够。各个“模拟公司”都受自身条件的限制，在机构设置、运作规则等方面各行其是，缺乏统一性。三是缺少既懂专业又懂教学的“双师型”教师。四是局限性较大。每个“模拟公司”都局限在校内之间进行交易，校与校“模拟公司”之间、与国外的“模拟公司”之间没有办法进行交易。五是各校“模拟公司”的运作只集中在某一段时间，没有开展常年业务。六是设施、设备使用效率不高，没有充分利用“模拟公司”这一教学手段进行社会就业人员的培训考核。七是没有真正统一的“模拟中心”进行协调。在对策分析上，她提出了各高职院校要调整教学计划，使“公司”运作常年化。如规定每一位学生每周必须在“模拟公司”工作若干小时等；逐步开展校际及国际“模拟公司”之间的业务往来，在条件许可的情况下，通过与国外模拟中心与国外的“模拟公司”开展贸易业务，逐步形成国内 A 公司—模拟中心—国内 B

---

① 李玉春，等．模拟公司：一种有效的高职实践教学方式．中国职业技术教育，2006（6）.

② 程琳，等．办模拟公司，培养高职生职业技能和价值观的实验研究．中国职业技术教育，2008（21）.

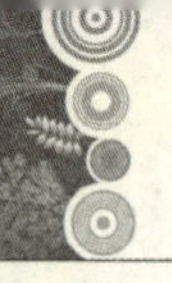

公司或国外公司的协调运作。①

3. 对校内模拟公司培养学生职业素质的研究

陈怡等认为，在模拟公司的实习方式中，学生主要接受三个阶段的实训。第一，企业策划创建。该阶段的实习内容主要是由教师指导学生完成网上注册，进行团队组建和分工，选定公司名称及所属行业，并拟订公司发展规划。第二，企业申办登记。进入该阶段后，各个实习团队要按照现实要求在网上完成模拟公司的工商登记手续和税务登记手续。第三，企业运营管理。该阶段是实训中最重要的环节。学生在该阶段要根据实际经济活动中的要求，与其他团队创建的模拟公司进行互动，完成整个模拟公司的日常经营管理。通过以上三个阶段的实训，学生不仅可以了解到企业创办的整个过程，更重要的是在没有任何经营风险的前提下，既可以从宏观上了解到企业常态运营管理的流程，又可以从微观上深入了解各个岗位的工作内容，积累各个岗位的工作经验，使学生学会灵活运用企业运营管理理论，还能培养分工协作的团队意识。②

受德国“模拟公司”系统概念的局限，当前我国围绕校内模拟公司开展的研究，绝大多数仅是将模拟公司限定为一种经济类专业的实践教学方法，即通过营造出一个高仿真、全功能、多项目的交易网络平台，实现行动导向教学常用的几种方法：模拟教学法、项目教学法、引导文教学法、案例教学法、角色扮演教学法等，这无疑在某种程度上弱化了校内公司的功能，特别是弱化了校内公司针对不同类型专业、岗位在生产服务、教学改革、学生职业素质培养等拓展性功能。当然，这与模拟公司自身所固有的仿真局限相关，但如果我们能通过解构与重构，

① 张晓芳．“模拟公司”：中国高等职业教育发展的最佳选择．教育理论与实践，2007（1）．

② 陈怡，等．模拟公司实习对工商管理专业学生就业的促进．山西财经大学学报，2011（S3）．

突破仿真的局限性，将模拟公司进一步改造成为校内实习公司，强调构建独立核算、自负盈亏的生产经营实体，变仿真为真实，校内实习公司的功能便能得到最大限度的发挥。

现根据上述对校内生产性实训基地和校内模拟公司存在问题与对策的分析，围绕校内实习公司构建、运行、发展以及学生职业素质培养中所存在的实际问题开展进一步研究。

二、对校内实习公司存在的实际问题研究

校内实习公司是校内实验实训室、校外实习基地两种模式外开展实践教学的第三条路径。其概念的提出：“一是源于校办经济实体（实习公司）。如德国开姆尼兹 F+U 教育中心的餐厅，指导教师与学生一起工作，学生轮流顶岗，负责餐厅日常运营，解决烹饪、酒店管理和市场营销三个专业的实训实习。二是源于‘虚拟公司’系统。该系统经营管理运作方式完全如真实公司一样，从申请开业到停业或破产都依据法律程序进行。内部机构健全，分工负责，账、单、资金和物品流程规范。”①

作为校内模拟公司的一种重构形式及校内生产性实训基地的特殊模式，校内实习公司在存在相关共性问题的同时，也具有一些特殊的实际问题。

（一）校内实习公司构建的专业适用问题

我国现有高职院校 1 000 多所，高职专业 500 余个，每个专业都有相对应的职业岗位，但是否每个专业都适合在校内创设实习公司，以及能够创设什么样的公司，仍需进一步研究。应该说，高职教育大部分专

① 杨群祥．高职院校培养学生职业能力教学模式的创新——兼谈广东农工商职业技术学院构建校内实习公司的探索．高教探索，2006（5）．

业都可以根据自身条件，构建相应的实习公司开展实践教学。高职院校许多经济实体、业务工作，甚至实训设备和场地等都可能改造为某一类型的专业实习公司，开展对内对外的服务工作，如餐厅、花木园林、物业、文印、食品检验、汽车维修、家电维修等。当然，并没有一种适用于所有专业的技术技能人才培养模式，一个专业所适用的人才培养模式，往往和所在学校、专业的实际情况（包括规模、经济状况、实训条件、地理位置、专业布局、专业特点等）、所在区域的产业布局等相关，选择一个专业的人才培养模式必须充分考虑到上述因素，考虑一个专业是否采用校内实习公司实践教学也须如是。前者如广东农工商职业技术学院作物生产技术专业的“场校合一、紧跟农时、且耕且读、全程实践”的人才培养模式，就是在充分考虑农作物生长的季节性特点基础上制定的。湖南交通职业技术学院高职路桥专业“秋去春回”顶岗实习人才培养模式则是根据南方“春夏多雨，秋冬干燥，工程施工主要集中在秋季”的建筑业特点制定的。后者如某些语言类专业和特殊性专业（即某些需要获得特殊资质才能开办公司的专业，如食品药品类专业等），由于不具备开设校内实习公司的条件，因而往往须依托校外成熟企业才能开展实践教学。广东农工商职业技术学院校内实习超市的构建，一方面取决于市场营销、物业管理、电子商务等专业的部分业务工作可以依托校内实习超市开展，相关专业的实训设备和场地可以直接改造为实习超市并开展服务工作；另一方面，实习超市依托学校传统的“商”类专业优势以及强大的广州天河商圈这一地缘优势，通过与周边大型超市的合作与竞争，获得了长足的进展。试想一下，如果一个工科类高职院校在一个商业氛围并不浓厚的区域构建校内实习超市，其校内实习超市未来的经营与发展情况便可想而知了。

（二）校内实习公司运营的矛盾冲突问题

与校内生产性实训基地运营所固有的矛盾冲突相似，校内实习公司

运营的矛盾冲突问题包括：教学目标与生产目标的冲突、学生实训的技能培养与生产的技能应用的冲突、校内实习公司与校内其他经营者的利益冲突等。

1. 教学目标与生产目标的冲突

在我国，校内实习公司兼具实践教学与生产服务两种功能，为此，校内实习公司必然要同时实现教学、生产两种目标。可以说，教学与生产两种目标在校内实习公司运营的大多数情境下能实现互促互进，如校内实习公司教学目标的实现要以生产目标的达到为前提，校内实习公司生产目标最终是为教学目标服务的。但有时教学与生产在校内实习公司的某种特定运营情境下也可能存在此消彼长的现象，教学目标与生产目标也会有所冲突。如：某些校内实习公司实际生产加工的涉及面广，包括不同工艺、技术、材料和技能等，而作为学校（特别是由于学生生产技能的不成熟）一时无法全面配套，因而影响生产进度，满足不了市场要求。这里反映的就是教学目标的实现难以为生产目标的达成服务，生产目标的达成难以有效地反映在教学目标上。

2. 学生实训的技能培养与生产的技能应用的冲突

在校内实习公司，学生兼有技能培养与生产经营双重任务，有时两种任务可以合二为一，即生产经营任务的完成就是技能培养的实现；有时两种任务可能不一致甚至会产生冲突，如生产经营任务与学生的技能培养方向不吻合，或两者虽然吻合，但由于生产任务的紧迫性，往往使学生只顾生产（经营）的进程，却忽视对技能培养的总结与提升。

3. 校内实习公司与校内其他经营者的利益冲突

正如本书第二章对校内实习公司内涵的描述，校内实习公司是真实性的生产经营实体，公司实行独立核算、自负盈亏，公司参与市场竞争，具有效益。也正因为如此，校内实习公司不可避免地与校内其他经济体具有利益上的冲突。如校内实习超市往往与校内其他小卖部会存在

客源上的竞争，进而产生利益上的冲突，等等。

（三）校内实习公司发展的可持续问题

规模、规范、协调是校内实习公司可持续发展的三大前提，因此，校内实习公司发展的可持续问题又可细化为“校内实习公司发展的规模问题、规范问题以及协调问题”。

1. 校内实习公司发展的规模问题

如前所述，我国高职院校校内生产性实训基地建设所存在的种种问题的原因，除了资金投入不足外，还包括实训基地启动后的发展动力欠缺，不少实训基地往往运转一段时间后便难以为继。我们发现，我国高职院校校内生产性实训基地在实际运作中往往名不副实，建设的主要动力还是来自实践教学，一切围绕教学进行，为教学服务，实训基地的“生产性”往往难以体现。如果一个实训基地只存在小规模的教学而非大规模的生产，实训基地的运行不是以市场为依托，而是靠投入、靠补贴存活，实训基地的造血能力便大大降低，实训基地的规模发展问题就根本无从解决，甚至于在社会化大生产的冲击下，出现基地日益萎缩的情况。

与高职院校校内生产性实训基地建设的主要动力来自实践教学不同，校内实习公司发展的动力有相当一部分来自于公司主体参与市场竞争获取的经济收益（或至少不亏本），并通过将利润再次注入校内实习公司，从而实现公司的扩大再生产（经营），进而实现公司主体的不断壮大与可持续。与校内生产性实训基地相比，校内实习公司这种以实践教学和经济收益双重驱动开展的运作方式，从理论而言显然更有利于扩大再生产（经营），进而形成发展规模。当然，由于我国市场经济体制的不健全以及市场竞争的残酷与不确定性，我国校内实习公司实际的规模发展也存在一些实际问题，如：受我国市场经济体制发展不健全的影响，一些校内实习公司在参与市场竞争过程中往往处于不利的地位，缺

少必要的信息透明度与话语权；囿于校内实习公司运作模式、经营方式的某些限制，一些校内实习公司运作只能集中在某一段时间，没有开展常年业务的能力；受学生学习、毕业与其他一些因素的影响，一些校内实习公司在扩大发展规模上往往心有余而力不足，上述这些问题都需要更多的政策与措施加以破解。

2. 校内实习公司发展的规范问题

规范是一个企业（公司）走向成熟的标志。校内实习公司发展的规范问题既包括制度规范问题，也包括学生技能规范问题，必须按照生产（经营）制度要求设立实训基地制度，按照技能标准规范学生生产（经营）行为。在我国，受自身条件的限制，各个“模拟公司”在机构设置、运作规则等方面往往各行其是，缺乏统一性。校内实习公司虽然引入了企业的人员管理、生产管理、质量管理、财务管理、成本管理等管理制度，学生技能培养依据国家行业、企业岗位标准进行，但根据校内实习公司工种性质所制定的实习公司制度尚不健全；此外，根据相关职业技能标准，如何进一步分解学生生产（经营）行为，并对学生的生产（经营）行为与实训考核严格按照职业技能标准进行仍需进一步探索。

3. 校内实习公司发展的协调问题

在高职院校校内实习公司的日常生产（经营）工作中，有些是与学校相关活动同步的（如校内实习公司的收银系统与财务审批可以执行学校财务一条线），但也存在实习公司制度与学校自运转制度不协调，甚至彼此冲突的情况，追根溯源，这种情况的出现是学校、工厂两种不同性质组织的差异造成的。为此，要就校内实习公司与学校发展的协调问题进行研究，减少实习公司与学校间存在的不兼容因素。

（四）校内实习公司实践教学的相关问题

如前所述，由于校内实习公司兼具实践教学与生产服务两种功能，这种组织的多功能运行必将产生“教学目标与生产目标、教学计划性与生产市场性、实训的技能培养与生产的技能应用”之间的矛盾，而这些矛盾也会给校内实习公司实践教学带来一系列问题。特别是学校一方面要使校内实习公司实践教学服务于自身的教育主张，保持教育的特性；另一方面又必须适应企业生产的要求，按企业生产需要来安排教学内容，实施有效的内部管理。如何处理好这两方面的关系，是解决校内实习公司实践教学其他问题的关键。

为此，要研究如何实现高职学生在工人（或其他身份）、学生之间的身份转换更自由、更顺畅。特别是要就学生课堂理论学习、校内实习公司实践学习以及在公司的生产活动的比例及安排进行全面规划，务求使三者实现互促互进。

第二节　校内实习公司运行中存在问题的对策研究与展望

校内实习公司运行中存在的问题是显现的，而构建校内实习公司以提升实践教学质量又是内在的、必然的。因此，针对不足，思考对策应是我们的选择。

一、对高职院校校内实习公司存在问题的对策研究

如前所述，当前我国高职院校校内实习公司在构建、运行、发展以及学生职业素质培养方面，主要存在着专业适用性、发展协调性、师资适合性等相关问题，我们认为可从以下几个方面加强、完善和推广应用这种实践教学模式。

（一）选择适合的专业创设校内实习公司，加大高职教育教学改革的力度

学校要结合相关专业性质、地区产业实际需要，构建校内实习公司。并通过校内实习公司实际运行，补充新的实践教学内容，加快专业课程和教学体系的调整改革，采用更加灵活、有效的教学组织形式，提供更多“半工半读”、“亦学亦做”的机会，使之更加适应高职教育改革发展的要求。

（二）完善校内实习公司的教学功能

创办校内实习公司，并不是要取代现有的实习基地，而是为专业实践教学开辟一个新的实习模式，解决当前实习教学的不足。所以，各专业实习公司的筹划、建立、完善，要以服务实践教学为基本出发点，既要确保社会经营的真实性，又要切实定位于培养、提高学生的职业能力和素质，定位于提高学生的就业竞争力。

（三）充分利用实习公司的平台，进一步加强与行业、企业的产学研合作

要发挥实习公司的桥梁作用，与行业、企业在生产、经营、策划、管理、开发、培训等多方面扩大和加强合作；在互惠互利的基础上，既要充分利用社会资源，发展高职教育，又要充分利用院校教学设备，服务社会企业，提高设备使用效益；有条件时可以吸引企业参与，合作合资经营实习公司。

（四）教学相长，提高教师的专业素质

一所院校发展高职教育的关键是要有一支高水平、结构合理的“双师素质”的教师队伍。组建实习公司，需要“双师型”专业教师，也要能提升教师的“双师素质”。所以，要充分发挥实习公司生产、经营、管理的实际运作的功能，教学相长，培养和锻炼教师，提高教师的

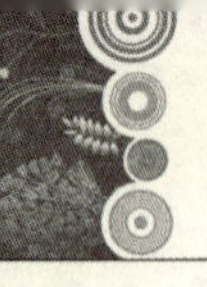

"双师型"素质。

可围绕校内实习公司生产（经营）岗位所涉及的一系列（新）工序、（新）技能组建一支专业教师团队，一方面将教师在校内实习公司进行挂职生产（经营）活动常态化、制度化；另一方面，积极鼓励教师根据校内实习公司挂职生产（经营）的实际效果编写教材、开发课程乃至调整专业人才培养方案，通过教师校内实习公司生产与随之而来的教学改革双重驱动，提高教师的"双师型"素质。

（五）建立校园实习公司网站，探讨新的实践教学方式

校内实习公司的建立，要树立现代经营、管理、营销的理念；可以结合专业课程、实习实训，组织指导学生开发和建立实习公司网站，师生交流互动。这样既锻炼和培养学生，又为校内实习公司在经营、管理、营销上拓宽了思路，在发展上拓展空间。

（六）加强政策导向，扶持发展

院校自建校内实习公司，是解决我国高职教育发展中实训实习难问题的重要举措，是有益学校、有益社会的事。各级政府部门应该加强政策扶持，包括工商、城管、卫生、税收等，建立相应的、规范的政策指引，积极推动我国高职教育的发展。

二、对高职院校校内实习公司未来发展的展望

《国家中长期教育改革和发展规划纲要（2010—2020年）》的实施标志着我国新一轮教育改革的启动。围绕《国家中长期教育改革和发展规划纲要（2010—2020年）》提出的"着力培养职业院校学生的职业道德、职业技能和就业创业能力"以及"政府切实履行发展职业教育的职责"的精神，教育部又先后出台了《教育部关于充分发挥职业教育行业指导作用的意见》（教职成〔2011〕6号）、《教育部关于推进中等和高等职业教育协调发展的指导意见》（教职成〔2011〕9号）、《教育

部关于推进高等职业教育改革创新引领职业教育科学发展的若干意见》（教职成〔2011〕12 号）、《教育部关于全面提高高等教育质量的若干意见》（教高〔2012〕4 号）等有关职业教育改革的纲领性文件，为未来我国职业教育发展走向设定了路径、绘制了蓝图。对未来我国高职院校校内实习公司发展的展望同样离不开上述政策框架的导向，特别是《教育部关于充分发挥职业教育行业指导作用的意见》（教职成〔2011〕6 号）提出的“探索和构建职业教育行业指导工作体系”、《教育部关于推进高等职业教育改革创新引领职业教育科学发展的若干意见》（教职成〔2011〕12 号）提出的“完善校企合作运行机制，推进建立由政府部门、行业、企业、学校举办方、学校等参加的校企合作协调组织”、《教育部关于全面提高高等教育质量的若干意见》（教高〔2012〕4 号）提出的“推进协同创新，探索建立校校协同、校所协同、校企（行业）协同、校地（区域）协同、国际合作协同等开放、集成、高效的新模式”等相关政策措施值得我们对高职院校校内实习公司未来发展有以下期望。

（一）校内实习公司构建的体制机制创新

1. 职业教育集团框架下的校内实习公司体系重构

职业教育集团是职业院校、行业企业等组织为实现资源共享、优势互补、合作发展而组织的教育团体，是近年来我国加快职业教育办学机制改革、促进优质资源开放共享的重要模式。未来我国高职院校校内实习公司的构建模式是：不再以学校专业布“点”的方式进行独立构建，而将在职业教育集团的框架下，以职教集团产业“面”的方式开展组合式构建，以加快校内实习公司的发展速度，优化校内实习公司的结构与布局。即将校内实习公司的构建看成一个体系，这个体系能恰当地反映学校的专业结构与区域的行业布局，通过一组校内实习公司的构建，能在学校内部形成校内实习公司间的业务对接与融通，在学校外部开展

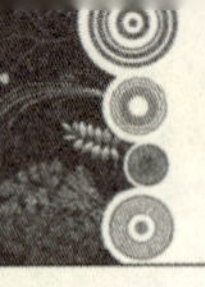

实习公司与区域行业企业的交流与沟通。

以广东农工商职业技术学院为例，学校将以南亚热带农业职业教育集团构建为平台，在职教集团的框架下，联合集团内的企业、农场、学校成立职教集团董事会与校企合作教育理事会，围绕校企专业对接、服务对接，构造一个校内实习公司体系，在这个体系中，实现职教集团内部的人才共育、过程共管、成果共享、责任共担。

2. 校内实习公司协调中心的构建

校内实习公司协调中心是一个协调各类“实习公司”关系、整合各种“实习公司”相关要素（政府、学校、企业、银行、税务等）、组织“实习公司”内各式交易活动的机构。校内实习公司协调中心可常设在一个核心高职院校内，也可独立出来，校内实习公司协调中心实行（设有校内实习公司）高职院校、相关行业企业以及政府部门参与的委员会制，多方就校内、校际实习公司间、实习公司与企业间的业务往来进行协商。

（二）围绕校内实习公司运行的相关要素协同创新

“协同创新”是指创新资源和要素有效汇聚，通过突破创新主体间的壁垒，充分释放彼此间“人才、资本、信息、技术”等创新要素活力而实现深度合作。根据教育部“高等学校创新能力提升计划”重大需求的划分，协同创新中心分为面向科学前沿、面向文化传承、面向行业产业和面向区域发展四种类型。其中，面向行业产业的协同创新是以工程技术学科为主体，以培育战略新兴产业和改造传统产业为重点，通过高校与高校、科研院所，特别是与大型骨干企业的强强联合，支撑我国行业产业发展的核心共性技术研发和转移。我国高职院校是开展工程技术学科的主阵地，高职院校校内实习公司要致力于成为面向行业产业开展协同创新的基地与平台。未来我国要围绕校内实习公司的运行，结合地方政府，职业院校，相关行业、企业、研究所的资源，将与学生实

践教学相关的要素与资源汇集在校内实习公司中，从而推动高职院校学生实践教学的协同创新。

（三）围绕校内实习公司运行开展专业人才培养方案的修订

专业人才培养方案是人才培养目标、基本规格、培养过程以及培养方式的总体设计和实施方案，是安排教学任务、组织教学活动的基本依据，同时也是学校对教学过程及教学质量监控和评价的基础性教学文件。专业人才培养方案的制定要以前瞻性、独特性为原则，在前瞻性上，要充分考虑专业特色的积淀和职业发展的需要，充分体现高职教育的五大要素，即产业、行业、企业、职业、实践；在独特性上，要从高职教育普遍规律和专业的特殊性出发来构建课程体系，要充分体现各高职院校办学定位和发展目标的专业特色建设。因此，专业人才培养方案的制定不是一劳永逸的，它需要学校根据职业发展与专业特点进行必要的修订、调整。校内实习公司是我国高职教育教学改革的一个重要推动力，它能敏锐地觉察到职业岗位技能需求的变化。为此，专业人才培养方案的修订要积极引入校内实习公司的元素，围绕校内实习公司运行实际积极开发校本课程、推进与完善“双证书”制度、引入岗位职业技能标准、建立以职业能力和综合素质培养为目标的基于工作过程的模块化课程体系。

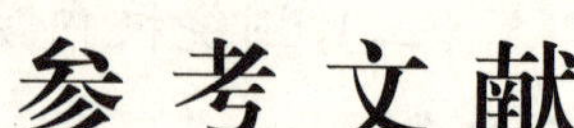

参考文献

1. 广东省“新世纪教改工程”项目《高职高专市场营销专业技能培养的理论与实践》成果集.

2. 中国高等教育学会“十一五”教育科学研究规划课题《高职院校实践教学创新的理论与实践——构建校内实习公司，培养学生职业素质》成果集.

3. 杨群祥. 德国职业教育技能培养模式及启示［J］. 职教论坛，2002（15）.

4. 李太平. 当前教育研究中需要注意的几种倾向［J］. 教育研究，2006（10）.

5. 唐方来. 创办财税咨询公司，将会计专业办得更有特色［J］. 广东农工商职业技术学院学报，2005（9）.

6. 何伊都. 高职院校学生职业素质状况的调查分析［J］. 中国科技信息，2011（9）.

7. 顾明远. 教育大辞典（下）［M］. 上海：上海教育出版社，1998.

8.（瑞典）胡森，等. 国际教育百科全书：第九卷［M］. 贵阳：贵州教育出版社，1990.

9.（美）谢弗勒. 对于教学的思考［J］. 华东师范大学学报：教科版，1988（2）.

10.（英）彼得斯，赫斯特. 教学［M］. 熊川武，译. //瞿葆奎主

编，徐勋，施良方选编. 教育学文集·教学（上）［M］. 北京：人民教育出版社，1988.

11. 王策三. 教学论稿［M］. 北京：人民教育出版社，1985.

12. 王德生. 对结构和功能范畴的探讨［J］. 长白学刊，1990（5）.

13. 王道俊，王汉澜. 教育学［M］. 北京：人民教育出版社，1989.

14. 黄艳芳. 职业教育课程与教学论［M］. 北京：北京师范大学出版社，2010.

15. 朱德全，张家琼. 职业教育课程与教学论［M］. 重庆：西南师范大学出版社，2010.

16. 戴士弘. 职业教育课程教学改革［M］. 北京：清华大学出版社，2009.

17. 穆学君，英宝有. 高职学生职业素质培养［M］. 北京：高等教育出版社，2009.

18. 徐国庆. 职业教育课程论［M］. 上海：华东师范大学出版社，2008.

19. 徐国庆. 职业教育项目课程开发指南［M］. 上海：华东师范大学出版社，2009.

20. 职场必修——高等职业教育学生职业素质培养与训练［M］. 北京：高等教育出版社，2005.

21.（加拿大）罗杰·马丁. 整合思维［M］. 北京：商务印书馆，2008.

22. Max Horkheimer. Eclipse of Reason [M]. New York: The Seabury Press, 1974.

23. Claire Budgen, Lucia Gamroth. An overview of practice education models [J]. Education Today, 2008 (28).

24. M. D. Merrill. First Principles of Instruction [J]. Education Technology Research and Development, 2002 (3).

25. M. Eraut. Developing Professional Knowledge and Competence [M]. 4th edn. London: The Falmer Press.

26. Cynthia B. Edmond. A new paradigm for practice education [J]. Nurse Education Today, 2001 (21).

27. G. Labouvie – Vief & M. Diehl. Cognitive complexity and cognitive-affective integration: related or separate domains of adult development? [J] Psychology and Aging, 2000 (15).

28. K. Kitchener, P. King & S. DeLuca. Development of reflective judgement in adulthood [M] //C. Hoare (Ed.), Handbook of adult development and learning. New York: Oxford University Press, 2006.

29. D. Kuhn & M. Weinstock. What is epistemological thinking and why does it matter? [M] //B. Hofer & P. Pintrich (Eds.), Personal epistemology: the psychology of beliefs about knowledge and knowing. Mahwah, NJ: Lawrence Erlbaum, 2002.

30. C. Bereiter & M. Scardamalia. Surpassing ourselves: an inquiry into the nature and implications of expertise [M]. Chicago, IL: Open Court, 1993.

31. Matthew J. Koehler & J. Spiro. Collaborative Interactivity and Integrated Thinking in BRAZILIAN BUSINESS SCHOOLS Using Cognitive Flexibility Hypertexts: THE PANTEON PROJECT. J. Educational Computing Research, 2004, 31 (4).

32. Bednar, Richard L. Psychotherapy with high-risk clients: Legal and professional standards [M]. Hudson, NH: Pacific Grove, Calif, 1991.

33. D. Jonassen, K. Peck & B. Wilson. Learning with technology: A

constructivist perspective [M]. Englewood Cliffs, NJ: Prentice Hall, 1999.

34. Nacy Betz. Career Self-efficacy: Career decision making self-efficacy. Contemporary models in vocational psychology [C]. Mahwah, NErlbaum, 2001.

后　记

建立长期、稳定、高效的高职教育实习实训基地，扎扎实实培养学生职业能力和素质，是高职教育教学改革的重要内容。我国高职教育学生职业素质的培养途径主要有两个：一是校内实验实训室，二是校外实习基地即社会企事业单位。这两种途径在培养高职教育学生的职业能力和素质等方面起到了积极的作用，是不可缺少的重要实践教学环节。但在实践过程中也有些不足，具体表现在：作为校内实验实训室，更多的是对生产技术或经营的模拟，而很难模拟企业生产、经营、管理的真实人文环境，从而无法给学生实际的职业体验和训练，不利于学生综合素质和职业能力的培养；而在校外实习中，由于企事业单位对职业教育参与意识不强，愿意接收学生实习的企事业单位有限。特别是，校外实习基地一般都是以“企业为主，学校为客”，学校对企业的依赖性较大。企业出于保护其商业秘密等自身利益的考虑，一般不让学生或教师去接触企业的关键技术和管理诀窍，同时在实习时间和数量安排上也难以满足学校的教学要求。所以，总的来讲，实训实习问题仍然是中国职业院校发展中的瓶颈。

当进入21世纪，借鉴国际先进职业教育经验，传承与实践“手脑并用”、“生活即教育，社会即学校”的教育思想，以及对高职教育特性与要求认识的不断深入，我国部分高职院校参照国外“教学工厂”、“虚拟公司”的做法，从自身实际出发，或将自有的招待所、印刷厂等改为生产经营实体，或新办校办工厂、服务公司等，开展对外服务，教

师、学生共同生产经营，客观上为相关专业基本技能的训练提供了可能，并在一定程度上缓解了学生实习难的问题。这种实践教学模式被广东农工商职业技术学院统一称为“校内实习公司”。我们认为，校内实习公司是依据教育规律和市场经济规律，整合和利用校内自身资源与优势，由学校独自或与企事业单位等社会组织合作，通过真实产品的生产经营、社会服务、技术研发等生产性活动过程，在培养学生职业素质的同时，获得一定的经济效益，实现实践教学可持续发展的一种组织机构。这是一种创企业于学校、寓教学于实践、教学与生产（经营）相结合、理论与实践相结合的教学模式。其形式包括校内实习超市、校内实习工厂、校内创意实习公司、校内财税咨询公司等。如广东农工商职业技术学院于2001年9月创办的学生实习超市，就是一个比较市场化的校内实习公司。它由市场营销专业的学生和教师共同筹建（包括自筹资金、自主设立公司组织管理架构、自立规章，以及围绕实习超市的日常经营），学生轮流参与包括商圈调查、店面设计、商品采购、卖场布局、商品促销、经营核算和岗位设计、店员培训、绩效评价等全过程活动。这种实践教学模式无论在教育组织形式、产学结合模式、教学方法、校内与校外、学生与企业经常性互动平台的建立等方面均有不同程度的创新。此后，在校内实习超市的基础上，广东农工商职业技术学院又先后构建了方周财税咨询公司、骏怡汇汽车科技美容店、法律咨询中心等一系列校内实习公司。

随着《教育部关于全面提高高等职业教育教学质量的若干意见》（教高〔2006〕16号）的颁布，我国对校内生产性实训基地建设的探索越来越多，但同时，对校内实习公司的研究在广东乃至全国仍是空白。校内实习公司这一实践教学范式是基于校外实习基地与校内实训基地外的第三条实践教学路径，其在科学性、创新性与实用性上均是对实践教学的一份贡献。校内实习公司经过我们10多年的探索，从2005年被教

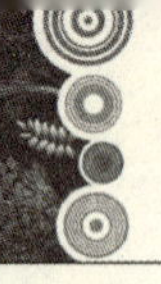

育部高职高专院校人才培养工作水平评估专家组确立为创新项目，到2006年6月在上海亚太地区合作教育会议中受到高度评价，到2007年被确立为中国高等教育学会“十一五”教育科学研究规划课题立项（课题名称：“高职院校实践教学创新的理论与实践——构建校内实习公司，培养学生职业素质”，课题编号为06AIJ0130182，是广东省100多所高校获得的8项规划课题之一），再到2012年年初有关专家对校内实习公司项目做出的“研究思路清晰，方法科学，成效显著，部分研究成果达到国内领先水平”评价，其运行与实践日益成熟，作用日益突出。此外，围绕课题的设计，多年来，我们在边探索边实践的过程中，深入调研了广东外语外贸大学的勤工助学活动状况，对广外构建的“云山模式”这一实习基地模式进行了分析总结；对近百所国家示范性高职院校校内生产性实训基地的建设情况进行了调研，又重点对广东省内的广东轻工职业技术学院、广州铁路职业技术学院、顺德职业技术学院、河源职业技术学院、广东松山职业技术学院、广东机电职业技术学院等8所高职院校校内实习公司运行模式进行了个案分析；同时，我们还对校内实习公司实践教学效果进行了问卷调查与数据分析，本书正是上述研究的一个综合成果。

文稿付梓，如释重负。一则因为这么大的一个课题，对近百所国家示范性高职院校的调研、对8所广东省内高职院校的个案分析、对数百名高职院校学生的问卷调查与数据分析，总算有了最终结果，作为课题负责人，我可以向他们交代了。二则当初我们提出的“一步一个脚印”的承诺，现在也兑现了——在研究的第一阶段，我们整理了4万多字的课题成果集；现在，在研究的第二阶段，我们又撰写了这本约20万字的专著。回首我们对高职院校校内实习公司的研究历程，细细品味那种研究中的“折磨”及随之而来的成就感，或许这就是“如释重负”的缘由。本书的撰写历时近5年。这5年来参与撰著的成员花费了大量心

血，克服了重重困难。大家的通力合作，是完成本书写作的基础。在此，对5年来参与数据调研、个案分析、课题讨论、成果鉴定的各位学者、同仁、学生以及家人致以衷心的感谢。

这里需要特别感谢的还有博士生导师，广东省教育厅党组副书记、副厅长魏中林教授，他不仅欣然为本书作序，还在本书最后统稿之际仍殷切希望“认真总结提炼，争取出精品推广”。

本书参考和引用了许多学者的研究成果，在书中都一一做了标明。

对在本书的研究、写作和出版过程中得到的指教、支持和帮助，在此一并致以衷心的感谢。同时，也期待着学界对本书的批评和赐教。

杨群祥
2012年10月于红英书苑